Mayako Niikura
Akiko Masaki
Yukiko Nakano

Spitze! 2

ASAHI Verlag

音声ダウンロード

 音声再生アプリ「リスニング・トレーナー」（無料）

朝日出版社開発のアプリ、「リスニング・トレーナー（リストレ）」を使えば、教科書の音声をスマホ、タブレットに簡単にダウンロードできます。どうぞご活用ください。

まずは「リストレ」アプリをダウンロード

» App Store はこちら   » Google Play はこちら

アプリ【リスニング・トレーナー】の使い方

① アプリを開き、「コンテンツを追加」をタップ

② QR コードをカメラで読み込む

③ QR コードが読み取れない場合は、画面上部に 25439 を入力し「Done」をタップします

QRコードは㈱デンソーウェーブの登録商標です

Web ストリーミング音声

https://text.asahipress.com/free/german/spitze2/

表紙：   ease
ページデザイン：   小熊　未央
イラスト：   吉岡　悠理、駿高　泰子（Yasuco Sudaka）（p70 F1 , Arbeitsbuch）
写真：   Shutterstock.com

はじめに

■『シュピッツェ！2』は、ご好評いただいている『シュピッツェ！1』の続編として作られた教科書です。

■『シュピッツェ！1』と同じく、ドイツの教科書に多く取り入れられているコミュニカティブな要素と日本人学習者になじみやすい文法配列を融合させました。

■『シュピッツェ！1』で習得した文法規則や語彙をさらに発展させつつ、より高度なドイツ語のコミュニケーション能力が身につくことを目指し、より多彩な形式で練習できるようにしました。

■ 文法規則や語彙は、場面や状況に即した自然なドイツ語表現の中で学べるよう配慮しました。

■ 豊富なカラーのイラストや写真を通して視覚的に状況を把握し、課題に取り組みやすくしました。

■ 各課は、単語や表現などの導入・会話・聞き取り・読解・インフォメーションギャップ・文法問題・発音から構成され、最後に文法の説明や語彙・表現がまとめられています。

■ 各課題の内容や例文には、ドイツ語学習のみならず、ドイツ語圏を知るために必要な情報も含まれています。

■ クラスサイズや受講者のニーズなどにより、練習問題を省略して進めていくこともできます。

■ Arbeitsbuchを別冊に用意し、従来型の文法問題にも対応しました。

■ おおむねヨーロッパ言語共通参照枠のA2レベル以上に相当する基礎的なコミュニケーション能力と同時に、独検にも対応できるドイツ語力の養成を目指しています。

著者一同

Inhalt

ドイツ語圏略地図

ドイツ語圏略地図　（　　　　はドイツ語使用地域）

Ich hatte Fieber.

A1 **Sprechen Sie die Wörter nach und ergänzen Sie.** 体の部位をドイツ語で言い、空欄に選択肢の中から適切な語を選んで書きましょう。

🔊 1-02

| Arm 男 | Finger 男 | Fuß 男 | Hand 女 | Knie 中 | Mund 男 | Nase 女 |

3 ____

Gesicht 中

Rücken 男

Kopf 男

1 ____

Auge 中

Brust 女

Ohr 中

Bauch 男

6 ____

Zahn 男

Hals 男

4 ____

7 ____

2 ____

Bein 中

5 ____

A2 **Ergänzen Sie die Wörter.** 絵に合うように、選択肢の中から複数形を補いましょう。

🔊 1-03

| Augen | Arme | Beine | Finger | Füße | ~~Haare~~ | Hände | ~~Lippen~~ | Ohren | Zähne |

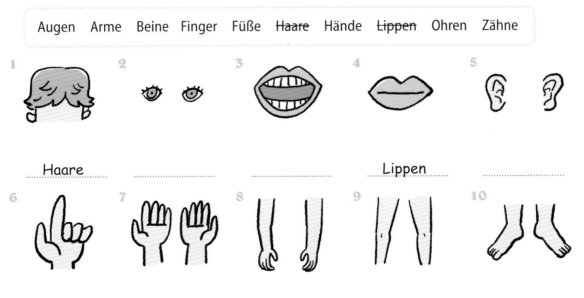

1.   Haare   2.   3.   4.   Lippen   5.

6.   7.   8.   9.   10.

B1 **Sehen Sie sich die Bilder an und ergänzen Sie die Körperteile. Sprechen Sie dann nach.** 絵を見て、4-6 に体の部位を埋めましょう。その後、意味を考えながら後に続いて発音しましょう。

1

Sie ist erkältet.
Sie hat Husten.

2

Er hat Grippe.
Er hat Fieber.

3

Er hat Zahnschmerzen.
Sein Zahn tut weh.

4

Sie hat ....schmerzen.
Ihr .... tut weh.

5

Er hat ....schmerzen.
Er hat Durchfall.

6

Sie hat ....schmerzen.
Ihr .... tut weh.

*weh|tun 痛む

B2 **Hören Sie.** 以下の会話を聞いて、意味を考えましょう。

● Guten Tag. Was fehlt Ihnen?

▲ Guten Tag, Herr Doktor.
   Ich habe Fieber und mein Hals tut weh.

● Seit wann haben Sie Fieber?

▲ Seit gestern Abend. Gestern Abend hatte ich 37,8 Grad und jetzt habe ich 39 Grad.

● Machen Sie bitte den Mund ganz weit auf...

*Was fehlt Ihnen? どこが悪いですか。　seit 〜以来（ずっと）　hatte < haben の過去形　auf|machen 開ける

B3 **Sie sind beim Arzt / Zahnarzt. Sprechen Sie.** 絵の人物になって、医者と会話をしましょう。

Was fehlt Ihnen?

Ich habe Rückenschmerzen.
/ Mein Rücken tut weh.

Seit wann haben Sie
Rückenschmerzen?

Seit zwei Tagen.

1 seit gestern

2 seit vorgestern

3 seit gestern Abend

4 seit heute Morgen

C1 **Lesen Sie den Dialog, markieren Sie die Verben und ergänzen Sie die Tabelle.** 会話を聞き、動詞に
下線を入れ、表を補いましょう。

1 ● Hallo, Leo. Gestern <u>warst</u> du nicht in der Uni.

　▲ Ach, gestern hatte ich Fieber und Kopfschmerzen. Den ganzen Tag war ich zu Hause.

2 ■ Guten Tag, Herr Schneider. Waren Sie in der Stadt?

　◆ Ja, ich war mit meinem Sohn beim Zahnarzt. Er hatte Zahnschmerzen.

3 ▼ Julia und Stefan, wo wart ihr am Wochenende?

　● Wir waren auf dem Land. Wir hatten schönes Wetter und haben ein Picknick gemacht.

*den ganzen Tag 一日中　auf dem Land 田舎に

| | haben | | sein | |
	現在形	過去形	現在形	過去形
ich	habe		bin	
du	hast	hattest	bist	warst
er / sie / es	hat		ist	war
wir	haben		sind	
ihr	habt	hattet	seid	
sie / Sie	haben	hatten	sind	

   C2 **Machen Sie Dialoge.** 例にならって、昨日どこにいて何をしていたか答えましょう。

例 bei der Polizei / einen Unfall
　● Was hast du gestern gemacht?
　▲ Ich war <u>bei der Polizei</u>.
　　Ich hatte <u>einen Unfall</u>.

例 in den Bergen / viel Sonne
　■ Was habt ihr gestern gemacht?
　◆ Wir waren <u>in den Bergen</u>.
　　Wir hatten <u>viel Sonne</u>.

1 zu Hause / Besuch

2 im Theater / viel Spaß

3 in der Bibliothek / Hausaufgaben

4 in einem Lokal / Hunger

   C3 **Machen Sie ähnliche Dialoge.** **C2** を参考に、似たような会話をしましょう。

例 ● Wo warst du / wart ihr / waren Sie <u>gestern / am Wochenende</u>?
　▲ Ich war / Wir waren <u>in der Stadt / im Kino / im Café / im Park / in den Bergen</u>.
　　Ich hatte / Wir hatten <u>viel Spaß / keinen Spaß</u>.

D1 Hören Sie und ergänzen Sie. 音声を聞き、選択肢の中から適切な主語を補いましょう。

> Julian   Julians Mutter   Julian und Daniel

1 .... sollte um fünf Uhr zu Hause sein.
2 .... konnte nicht pünktlich nach Hause kommen.   *pünktlich 時間通りに
3 .... wollten für einen Englischtest lernen.
4 .... musste Daniel beim Lernen helfen.
5 .... war sauer.   *sauer 不機嫌な

*an|rufen 電話をかける

D2 Ergänzen Sie die Modalverben im Infinitiv. 空欄に D1 で出てきた話法の助動詞の不定形を書きましょう。

sollte < ....**sollen**........   konnte < ....
wollte < ....   musste < ....

D3 Fragen Sie Ihre Partnerin / Ihren Partner. それぞれの人物が、休暇中何をするつもりだったのに、何をしなくてはならなかったのか、尋ね合いましょう。

	wollte(n)	musste(n)
Herr Müller	nach Italien fahren	in Deutschland bleiben
Johanna		
Florian	durch Europa reisen	den Führerschein machen
Herr und Frau Bauer		

→ S.97

● Was hat(/ haben) Herr Müller im Urlaub gemacht?
▲ Er(/ Sie) wollte(/ wollten) nach Italien fahren, aber er(/ sie) musste(/ mussten) in Deutschland bleiben.

D4 Ergänzen Sie und dann hören Sie. 空欄に助動詞を補い、音声を聞いて確認しましょう。

1 Herr Berger ist Polizist. Er .... am Samstag ins Stadion gehen und ein Fußballspiel sehen. Er .... aber arbeiten. Er .... das Fußballspiel nicht sehen.

> konnte   musste   wollte

2 Herr und Frau Schmidt .... in der Goldenen Woche eine Reise machen.
Sie .... aber keine Flugtickets mehr bekommen.
Sie .... zu Hause bleiben.   *in der Goldenen Woche ゴールデンウィーク

> konnten   mussten   wollten

3 ● Lukas, du .... doch heute das Abendessen kochen.
▲ Tut mir leid, aber ich hatte eine Sitzung.   *Sitzung 囡 会議
● .... du mich nicht wenigstens anrufen?   *wenigstens 少なくとも

> konntest   solltest

E1 Sprechen Sie. Was wollten/mussten/durften/konnten Sie als Kind machen? 選択肢の中の表現を
参考に、子供の頃を思い出して話しましょう。

◀)) 1-15

1　● Was **wolltest** du mit 15 werden?　　　　　　　　　　　*mit+年齢 〜才の時

　　■ Ich wollte <u>Sängerin</u> werden.

2　● **Konntest** du als Kind <u>Ski fahren</u>?　　　　　　　　*als Kind 子供の頃

　　■ Ja, ich **konnte** <u>Ski fahren</u>. / Nein, ich **konnte** nicht (so gut) <u>Ski fahren</u>.

3　● **Musstest** du als Kind <u>früh ins Bett gehen</u>?

　　■ Ja, ich **musste** <u>schon um 9 Uhr ins Bett gehen</u>.

　　　/ Nein, ich **musste** nicht <u>früh ins Bett gehen</u>.

4　● **Durftest** du als Kind nicht <u>allein ins Kino gehen</u>?

　　■ Doch, ich **durfte** <u>allein ins Kino gehen</u>. / Nein, ich **durfte** nicht <u>allein ins Kino gehen</u>.

1	Arzt(Ärztin)　Fotomodell　Fußballspieler(in)　Journalist(in)　Pilot(in)　Sänger(in)　Schauspieler(in)
2	Englisch sprechen　gut rechnen　schnell laufen　schwimmen　Ski fahren
3	dein/mein Zimmer auf|räumen　früh ins Bett gehen　im Haushalt helfen　um 6 Uhr zu Hause sein　viele Bücher lesen　viele Hausaufgaben machen
4	allein in die Disco / ins Kino gehen　lange Computerspiele spielen　lange fernsehen　laut Musik hören

*rechnen 計算する　schnell 速く　laufen 走る　Haushalt 男 家事　lange 長時間　Computerspiele 複 <
Computerspiel 中 コンピューターゲーム　laut 大きな音で

E2 Schreiben Sie über Ihre Kindheit. 自分の子供時代について書きましょう。

◀)) 1-16

　　Als Kind musste ich <u>um 5 Uhr zu Hause sein</u> und <u>schon um 9 Uhr ins Bett gehen</u>.
　　Ich durfte <u>nur 30 Minuten am Tag Computerspiele spielen</u>.
　　Mit 10 wollte ich <u>Sängerin werden</u>.
　　Erst mit 15 durfte ich <u>allein ins Kino gehen</u>.

　　　　　　　　　*nur 30 Minuten am Tag 1日に30分だけ　erst 〜になってようやく

E3 Ergänzen Sie. werden の過去形を選択肢の中から選び、空欄に書き込みましょう。

wurde　　wurden　　wurdest　　wurdet

1　Ich .... Lehrer.　　　　　　　2　................. du Polizistin?

3　Mein Mann　　　　　　　　　　　　4　Wir ....
　　...<u>wurde</u>... krank.　　　　　　　　　　sehr gute Freunde.

5　Wann ....　　　　　　　　　6　Leon und Michael
　　ihr ein Ehepaar?　　　　　　　　　　　................. Pianisten.

F1 **Hören Sie den Dialog und ergänzen Sie die folgenden Präpositionen. Dann sprechen Sie.** 会話を聞きながら、空欄に前置詞を補いましょう。その後、会話を読み合わせて意味を考えましょう。

> trotz   während   wegen

● Hallo, Lina. Du hattest Urlaub, oder? Wo warst du?

▲ Ich war mit meinem Mann in Madrid.

● Schön. Wie war das?

▲ Ach, es war nicht so gut. _____ der Reise war das Wetter immer schlecht. Am ersten Tag waren wir _____ des Regens in der Stadt unterwegs. Wir waren ganz nass. Am nächsten Tag wurde mein Mann plötzlich krank.

● Was hatte er denn?

▲ Er hatte Magenschmerzen und Fieber. Wir waren beim Arzt. Zum Glück war der Arzt sehr nett. _____ seiner Krankheit mussten wir aber zwei Tage im Hotel bleiben.

● Oh, ihr Armen! Konntet ihr nichts besichtigen?

▲ Doch schon. Wir haben ein paar Sehenswürdigkeiten angesehen. Wir konnten aber nicht richtig spanisch essen gehen.

● Vielleicht könnt ihr im nächsten Urlaub wieder nach Spanien fahren.

▲ Na ja, vielleicht ...

*Madrid マドリード am ersten Tag 男 初日 Regen 男 雨 unterwegs 外出して nass 濡れた
wurde < werdenの過去 plötzlich 突然 Magenschmerzen 複 胃痛 zum Glück 中 幸い Sehenswürdigkeiten
複 < Sehenswürdigkeit 女 名所旧跡 spanisch essen スペイン料理を食べる im nächsten Urlaub 男 次の休暇に
wieder 再び

> 2格 (Genitiv) をとる前置詞
> trotz ～にもかかわらず
> während ～の間
> wegen ～のため（理由・原因）

F2 **Richtig oder falsch? Kreuzen Sie an.** **F1** の内容について、正しければ richtig に、間違っていれば falsch にチェックを入れましょう。

		richtig	falsch
1	In Madrid war das Wetter nicht schön.	☐	☐
2	Lina wurde krank und hatte Bauchschmerzen.	☐	☐
3	Lina und ihr Mann waren beim Arzt.	☐	☐
4	Lina und ihr Mann haben gut spanisch gegessen.	☐	☐
5	Lina möchte unbedingt wieder nach Spanien reisen.	☐	☐

*unbedingt 絶対に

G1 **Lesen Sie und ordnen Sie zu.** 2格の冠詞の語尾に注意して、写真を選びましょう。

🔊 1-18

1   Das Auto <u>mein**es** Vater**s**</u> ist blau.

2   Die Tasche <u>mein**er** Schwester</u> ist rot.

3   Der Lehrer <u>mein**es** Kind**es**</u> ist nett.

4   Das Haus <u>mein**er** Eltern</u> ist groß.

> 名詞の2格 (Genitiv)「〜の」
> des / eines / meines ... ＋ 男性名詞／中性名詞 ＋ -(e)s
> der / einer / meiner ... ＋ 女性名詞
> der / ------ / meiner ... ＋ 複数形

 G2 **Ergänzen Sie die Artikelendungen.** 空欄に冠詞の語尾を入れましょう。

1   Paul ist der Sohn ein............ Schauspielerin.
2   Da ist die Firma mein............ Vaters.
3   Im Garten mein............ Großeltern sind viele Blumen.
4   Der Autor d............ Buchs 中 ist noch jung.
5   Trotz d............ Regens 男 spielen sie Fußball.
6   Wegen d............ Krankheit 女 kommt er heute nicht zur Party.
7   Während d............ Ferien 複 wollte ich ein Praktikum bei einer Autofirma machen.

Phonetik   ウムラウト

 1 **Sprechen Sie bitte nach.** ウムラウトに注意して、後に続いて発音しましょう。

🔊 1-19

a-ä : Apfel – Äpfel   Hand – Hände   kalt – erkältet   Zahn – Zähne   Vater – Väter
o-ö : konnte – können   Tochter – Töchter   Sohn – Söhne   schon – schön   Brot – Brötchen
u-ü : musste – müssen   durfte – dürfen   Mund – Mütze   Fuß – Füße   Buch – Bücher

 2 **Welches Wort hören Sie? Kreuzen Sie an.** どちらが聞こえましたか。チェックを入れましょう。

🔊 1-20

1   ☐ Vater — ☐ Väter   2   ☐ Apfel — ☐ Äpfel
3   ☐ schon — ☐ schön   4   ☐ Bruder — ☐ Brüder
5   ☐ Tochter — ☐ Töchter

1 動詞 (sein/haben/werden) と話法の助動詞の過去形
(Präteritum von sein, haben, werden und den Modalverben)

不定形	sein		haben		werden	
	現在形	過去形	現在形	過去形	現在形	過去形
ich	bin	war	habe	hatte	werde	wurde
du	bist	war**st**	hast	hatte**st**	wirst	wurde**st**
er / sie / es	ist	war	hat	hatte	wird	wurde
wir	sind	war**en**	haben	hatte**n**	werden	wurde**n**
ihr	seid	war**t**	habt	hatte**t**	werdet	wurde**t**
sie / Sie	sind	war**en**	haben	hatte**n**	werden	wurde**n**

不定形	dürfen ～してもよい	können ～できる	müssen ～しなくてはならない	sollen ～するように言われている	wollen ～するつもりである
過去の基本形	durfte	konnte	musste	sollte	wollte
ich	durfte	konnte	musste	sollte	wollte
du	durfte**st**	konnte**st**	musste**st**	sollte**st**	wollte**st**
er / sie / es	durfte	konnte	musste	sollte	wollte
wir	durfte**n**	konnte**n**	musste**n**	sollte**n**	wollte**n**
ihr	durfte**t**	konnte**t**	musste**t**	sollte**t**	wollte**t**
sie / Sie	durfte**n**	konnte**n**	musste**n**	sollte**n**	wollte**n**

Wo **wart** ihr im Urlaub? — Wir **waren** in Spanien. Wir **hatten** viel Regen.
君たち休暇はどこに行ったの？　私たちはスペインにいました。雨がたくさん降りました。

Du **solltest** dein Zimmer aufräumen. — Ich **musste** Julian bei den Hausaufgaben helfen.
部屋を片付けるように言われていたでしょう？　僕はユリアンの宿題を手伝わなくてはならなかったんだ。

Als Kind **konnte** ich sehr gut Klavier spielen. Ich **wollte** Pianistin werden.
子供の頃、私はとても上手にピアノを弾くことができました。私はピアニストになるつもりでした。

2 名詞の2格「～の」(**Genitiv**)：普通は修飾する名詞の後ろに置かれます。

des / eines / meines ...	＋ 男性名詞／中性名詞 ＋ -(e)s
der / einer / meiner ...	＋ 女性名詞
der / ― / meiner ...	＋ 複数形

※2格をとる前置詞：trotz（～にもかかわらず）　während（～の間）　wegen（～のため：理由・原因）

Das ist das Auto <u>mein**es** Vater**s**</u>.　　これは私の父の車です。

Das ist die Tasche <u>d**er** Frau</u>.　　これはその女性のバッグです。

Das ist das Fahrrad <u>ein**es** Kind**es**</u>.　　これはある子供の自転車です。

Das ist das Haus <u>mein**er** Großeltern</u>.　　これは私の祖父母の家です。

Trotz <u>d**es** Regen**s**</u> haben wir einen Ausflug gemacht.　　雨にもかかわらず、私たちはハイキングをしました。

Welcher Anzug gefällt Ihnen?

  A1 **Was tragen Sie bei den folgenden Situationen? Wählen Sie die Wörter aus der Wörterliste aus.** 次の場所や状況では、何を身につけますか。自由に選び、話しましょう。

 1-21

例
beim Konzert

● Was trägt man <u>beim Konzert</u>?
▲ Man trägt <u>beim Konzert</u> <u>eine Krawatte</u>.

1
auf der Sitzung

2
bei Schnee

3
in der Vorlesung

4
am Strand

a Krawatte 女 ネクタイ   b Anzug 男 スーツ   c Kostüm 中 女性用スーツ

d Mütze 女 キャップ   e Badehose 女 水泳パンツ   f Badeanzug 男 水着

g Kleid 中 ワンピース   h Hemd 中 シャツ   i Rock 男 スカート    j Stiefel 複 ブーツ

k Hut 男 帽子   l Halskette 女 ネックレス   m Sonnenbrille 女 サングラス

n Hose 女 ズボン   o Mantel 男 コート   p Handschuhe 複 手袋

 A2 **Welcher Anzug gefällt Ihnen? Sprechen Sie.** どの品物が気に入っているかを伝えましょう。

 1-22

例 Anzug 男 Größe 48

● Guten Tag! Kann ich Ihnen helfen?
▲ Ich suche <u>einen Anzug</u>. <u>Welchen Anzug</u> können Sie mir empfehlen?
● Welche Größe haben Sie?
▲ Größe <u>48</u>.
● Wie gefällt Ihnen <u>dieser Anzug</u> in Schwarz hier?
▲ <u>Diesen Anzug</u> finde ich schick. <u>Den</u> möchte ich anprobieren.   *an|probieren 試着する

1 Hose 女 Größe 48   2 Kleid 中 Größe 36

3 Mantel 男 Größe 52   4 Stiefel 複 Größe 38

welcher + 男性名詞		dieser + 男性名詞	
welche + 女性名詞	「どの〜が、は」1格	diese + 女性名詞	「この〜が、は」1格
welches + 中性名詞		dieses + 中性名詞	
welche + 複数形		diese + 複数形	

welchen + 男性名詞		diesen + 男性名詞	
welche + 女性名詞	「どの〜を」4格	diese + 女性名詞	「この〜を」4格
welches + 中性名詞		dieses + 中性名詞	
welche + 複数形		diese + 複数形	

B1 Sprechen Sie. 次の人たちになって話しましょう。

🔊 1-23

例

Dieser Rock gefällt mir nicht. Diesen Rock trage ich nicht.

Rock 男

1 Mantel 男
Dieser _____ gefällt mir. Diesen _____ trage ich gern.

2 Kleid 中
_____ Kleid _____. _____ trage ich gern.

3 Hose 女
_____ Hose _____. _____ Hose _____ nicht.

4 Handschuhe 複
_____ gefallen mir.
_____ trage ich gern.

B2 Ergänzen Sie und sprechen Sie. 表を参考に補って話しましょう。

🔊 1-24

mit / in + 3格

例 Zug 男 ● Mit welchem Zug fährst du nach Tokyo?
　　　　▲ Mit diesem hier.

1 Krawatte 女 ● Mit _____ Krawatte
　　　　gehst du zur Arbeit?
　　　　▲ Mit _____ hier.

2 Verein 男 ● In _____ Verein spielst du Fußball?
　　　　▲ In _____ Fußballverein.

3 Hotel 中 ● In _____ _____ übernachten Sie heute?
　　　　▲ In _____ Hotel.

4 Schuhe 複 ● _____ _____ gefallen dir?
　　　　▲ _____ hier.

*Verein 男 クラブ　übernachten 宿泊する

	男性名詞	女性名詞	中性名詞	複数形
3格	welch**em** Mantel	welch**er** Hose	welch**em** Hemd	welch**en** Schuhen
	dies**em** Mantel	dies**er** Hose	dies**em** Hemd	dies**en** Schuhen

B3 Welchen Mantel kauft die Frau? Hören Sie. それぞれの女性が買うのはどちらでしょうか。写真に〇をつけましょう。

🔊 1-25
🔊 1-26
🔊 1-27

1

a　　　b

2

a　　　b

3

a　　　b

Lesen Sie. Ergänzen Sie. 今年からミュンヘンに留学するMayaの一週間の予定です。選択肢の中から適切な語を選び、下線部を補いましょう。

Montag	Deutsches Museum	Donnerstag	Alte Pinakothek
Dienstag	Olympiapark	Freitag	Flughafen
Mittwoch	Universität	Wochenende	Starnberger See

 Hallo! Ich heiße Maya. Ich bin Japanerin und studiere _____¹ in München Germanistik. Letzten Freitag bin ich in München angekommen. Ich wohne jetzt in einem Studentenwohnheim. Nächsten Monat fängt die Uni an. **Diesen Monat** ² habe ich noch Zeit. _____³ will ich die Stadt besichtigen. **An diesem Montag** ⁴ gehe ich ins Deutsche Museum. Am Dienstag fahre ich in den Olympiapark. _____⁵ gehe ich zur Universität. Am Donnerstag besuche ich die Alte Pinakothek. _____⁶ hole ich meine Freundin Mai am Flughafen ab. Sie studiert jetzt in London. _____⁷ fahren wir an den Starnberger See.

> am Freitag   ~~diesen Monat~~ 今月   dieses Jahr 今年   am Mittwoch
> diese Woche   ~~an diesem Montag~~   dieses Wochenende 今週末

*letzten Freitag 男 先週金曜に   nächsten Monat 男 来月に   ab|holen 迎えに行く

Alte Pinakothek   Olympiapark   Ludwig-Maximilians-Universität München   Deutsches Museum   Flughafen   Starnberger See

Sehen Sie sich das Verkehrsnetz an, fragen Sie und antworten Sie. 路線図を参考に話しましょう。

  1-28

例 Olympiazentrum   *Linie 女 路線   S-Bahn 女 都市鉄道   U-Bahn 女 地下鉄

   ● Entschuldigung, welche Linie fährt <u>zum Olympiazentrum</u>?
   ▲ <u>Zum Olympiazentrum</u>?
      <u>Die U3</u> fährt <u>zum Olympiazentrum</u>.
   ● Danke schön!
   ▲ Bitte schön!

1   zum Isartor (Deutsches Museum)
2   zur Universität
3   nach Starnberg (Starnberger See)
4   zum Flughafen

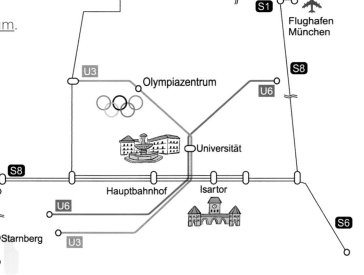

D1 **Sie sind jetzt in Frankfurt. Fragen Sie und antworten Sie.** あなたはフランクフルトから出かけます。例に

ならって話しましょう。

1-29

例　Rüdesheim (Zug 男)

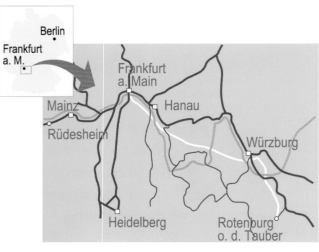

● Dieses Wochenende fahren wir mit <u>dem Zug</u> nach <u>Rüdesheim</u>.

▲ <u>Welchen Zug</u> nehmt ihr?

● <u>Diesen Zug</u>.

1 Hanau (S-Bahn 女) **2** Rothenburg (Bus 男) **3** Heidelberg (ICE 男) **4** Mainz (Schiff 中)

Brüder Grimm
Jacob Grimm (1785-1863)
Wilhelm Grimm (1786-1859)

Plönlein

die alte Stadt
am Neckar

Johannes Gutenberg
(1398?-1468)

*Schiff 中 船

 D2 **Machen Sie Dialoge.** あなたは旅先の駅で持ち物をなくしました。遺失物係に行って話しましょう。

1-30

例　Koffer 男 (grau, schwer)

● Entschuldigung, ich habe <u>meinen Koffer</u> verloren.

▲ Was für <u>einen Koffer</u> hatten Sie denn?

● <u>Er ist grau</u> und <u>schwer</u>.

▲ Meinen Sie <u>diesen Koffer</u>?

● Ja, genau, das <u>ist</u> <u>mein Koffer</u>.

▲ Dann schreiben Sie bitte Ihren Namen hier!

> was für einen / eine / ein / —
> どんな〜を

*meinen 〜のことを言っている

1 **2** **3** **4**

Brille 女
(blau, rund)

Rucksack 男
(grün, klein)

Smartphone 中
(gelb, neu)

Handschuhe 複
(braun, groß)

*rund 丸い

E1 Ordnen Sie zu. 次の文に合う絵を選びましょう。

1 Ich höre die Sängerin singen. ( )
2 Siehst du dort einen Hund laufen? ( )
3 Ich lasse einen Wein bringen. ( )
4 Lass uns jetzt essen! Guten Appetit! ( )

sehen / hören ... + 不定形
　　　　　　　　　　〜しているのを見る / 聞く
lassen ... + 不定形　〜させる

a 　b 　c　d

E2 Beschreiben Sie die Situation. Sprechen Sie. 絵の人になって、状況をドイツ語で説明しましょう。

例  ein Mädchen, tanzen, sehen
→ **Ich sehe ein Mädchen tanzen.**

1 meinen Sohn, laufen, sehen
→ ....

2 mein Fahrrad, reparieren, lassen
→ ....

3  einen Vogel, singen, hören
→ ....

E3 Was will die Königin? Schreiben Sie. 女王様がやってほしいことを話しています。選択肢を参考に、lassen を使って書きましょう。

einen Musiker Klavier spielen　　ein Glas Wasser bringen
das Licht an|machen　　~~das Fenster schließen~~　　das Mittagessen kochen

例
Es ist zu kalt. Ich lasse <u>das Fenster schließen</u>.

1 Es ist zu dunkel im Zimmer.
Ich ....

2 Es ist zu langweilig.
Ich ....
....

3 Ich habe Durst. ....
....

4 Ich habe Hunger. ....
....

F1 **Was wollen die Personen? Sprechen Sie mit Ihrer Partnerin / Ihrem Partner.** 次の人たちが買いたい
と思っているものを話しましょう。

例 ● <u>Welchen Mantel</u> will <u>Herr Braun</u> kaufen?　　▲ <u>Diesen Mantel</u>, <u>den Regenmantel</u>.

Herr Braun Mantel 男	Opa Hose 女	Sophie Kleid 中	Alex Tasche 女	Frau Bach Schuhe 複	Oma Hut 男
Regenmantel	Lederhose		Sporttasche		Strohhut

 → S.97

  F2 **Was passt? Hören Sie.** Annaが週末の出来事について話しています。音声を聞き、合っていればrichtigに、間違って
いればfalschにチェックを入れましょう。

　　　　　　　　　　　　　　　　　　　　　　　　　　　　　　　　　　　　richtig　falsch

1　Anna ist am Samstag zur Hochzeitsparty ihrer Schwester gegangen.　□　　□
2　Anna hat ein Kleid in Grün getragen.　□　　□
3　Viele Leute sind zur Hochzeitsparty gekommen.　□　　□
4　Die Hochzeitsparty hat im Garten stattgefunden.　□　　□

  F3 **Was machen Sie jeden Tag, dieses Wochenende oder diesen Sommer? Schreiben Sie.** あなたは
毎日、今週末あるいは夏に何をしますか？ 副詞的な役割をする4格を用いて書きましょう。

> diesen Monat　diesen Sonntag　diese Woche　dieses Jahr　dieses Wochenende
> jeden Tag 毎日　jeden Monat 毎月　jeden Sommer 毎年の夏　jede Woche 毎週
> jedes Jahr 毎年

> Jeden Tag _____ ich _____.
> Dieses Wochenende _____ ich _____.
> Diesen Sommer _____ ich _____.
> _____ ich _____.

> jed**en** Tag / Monat 男
> jed**e** Woche 女
> jed**es** Jahr / Wochenende 中

📖 🅖 **Lesen Sie und antworten Sie.** 次の文章を読み、合っていればrichtigに、間違っていればfalschにチェックを入れましょう。

🔊 1-33

Guten Tag, ich heiße Marie Schmidt. Ich komme aus Deutschland, aus Leipzig, und studiere jetzt in Kyoto.

Sehen Sie gern Filme? Welcher Film gefällt Ihnen? Ich empfehle Ihnen einen Film namens „Der ganz große Traum". Dieser Film erzählt von einem deutschen Lehrer. Sein Name war
5 Konrad Koch und er hat 1874 Fußball in Deutschland eingeführt. Er hat in Oxford studiert und ist als Englischlehrer in seine Heimat Braunschweig zurückgekommen. Im Film hatten die Schüler zunächst kein Interesse an Englisch. Da wollte Konrad Koch seinen Schülern durch Fußball nicht nur Englisch, sondern auch den Geist des „Fair-Plays" lehren. Dieser Film gefällt mir besonders gut. Sie haben diesen Film noch nicht gesehen? Dann sehen Sie sich
10 ihn doch bitte einmal an.

　*empfehlen 推薦する　namens という名の　ganz まったく　eingeführt < ein|führen 紹介する　Heimat 囡 故郷
　Braunschweig ブラウンシュヴァイク（ドイツの町）　nicht nur ...sondern auch ...～だけでなく～も　Geist 男 精神
　Fair-Play 甲 フェア・プレイ　an|sehen 見る

		richtig	falsch
1	Der Name dieses Filmes ist „Konrad Koch".	☐	☐
2	Konrad Koch wurde in England geboren.	☐	☐
3	Konrad Koch war Englischlehrer.	☐	☐
4	Die Schüler hatten damals Interesse an Englisch.	☐	☐
5	Konrad Koch hat zum ersten Mal in Deutschland Fußball vorgestellt.	☐	☐

　*zum ersten Mal 初めて　vor|stellen 紹介する

Phonetik　　子音（b-v-f/ch）の発音

🔊 1-34 **1** **Sprechen Sie nach. Achten Sie dabei auf den Unterschied zwischen [b], [v] und [f].** [b]/[v]/[f]の発音の違いに注意して、後に続いて発音しましょう。

[b] – [v] – [f]　**B**ier – **w**ir – **v**ier　　　**B**ein – **W**ein – **f**ein　　　**B**ach – **w**ach – **F**ach

🔊 1-35 **2-a** **Wie spricht man die „ch"-Laute aus? Sprechen Sie nach.** "ch"の音に気を付けて、後に続いて発音しましょう。

[ç] Mil**ch**　i**ch**　ni**ch**t　wel**ch**e　Bü**ch**er　Kü**ch**e　eu**ch**　freundli**ch**
[x] Na**ch**t　ma**ch**en　au**ch**　ko**ch**en　no**ch**　besu**ch**en　Ku**ch**en

2-b **Suchen Sie andere Wörter mit „ch". Sortieren Sie dann nach den Lauten [ç] und [x].** [ç]と[x]それぞれの音を含む語を、できるだけたくさん探しましょう。

[ç]	Li**ch**t
[x]	Bu**ch**

🔊 1-36 **2-c** **Sind die „ch-Laute" gleich? Makieren Sie ○ oder ×. Sprechen Sie dann nach.** 下線部の音が同じなら○、違っていれば×を入れましょう。その後、発音しましょう。

1 ma**ch**en — mö**ch**ten　（　）　　2 besu**ch**en — brau**ch**en　（　）
3 ko**ch**en — Ku**ch**en　（　）　　4 a**ch**tzehn — se**ch**zehn　（　）

1　定冠詞類（Demonstrativartikel）

定冠詞類は定冠詞と似た変化をします。ほかに all-（すべての）、dies-（この）、jed-（どの〜も）、jen-（あの）、manch-（かなりの）、solch-（そのような）、welch-（どの？）、などがあります。

	男性名詞 このコート	女性名詞 このズボン	中性名詞 このシャツ	複数形 これらのズボン
1格	dies**er** Mantel	dies**e** Hose	dies**es** Hemd	dies**e** Hosen
2格	dies**es** Mantels	dies**er** Hose	dies**es** Hemd(e)s	dies**er** Hosen
3格	dies**em** Mantel	dies**er** Hose	dies**em** Hemd	dies**en** Hosen
4格	dies**en** Mantel	dies**e** Hose	dies**es** Hemd	dies**e** Hosen

1格：<u>Welch**er** Zug</u> fährt nach Hanau?　どの列車がハーナウへ行きますか。

4格：<u>Welch**en** Anzug</u> kaufen Sie?　どのスーツを買いますか。

2　副詞的4格（Adverbialer Akkusativ）

4格目的語は副詞として使われることがあります。

dies**en** Monat　今月　　dies**en** Sonntag　今週の日曜　die**se** Woche　今週

dies**es** Jahr　今年　　dies**es** Wochenende　今週末　jed**en** Tag　毎日

jed**en** Monat　毎月　　jed**en** Sommer　毎夏　　jed**e** Woche　毎週　jed**es** Jahr　毎年 など

3　知覚動詞と使役動詞（Perzeptive Verben / lassen）

話法の助動詞に準ずる動詞に知覚動詞 sehen「見る」、hören「聞く」、使役動詞 lassen「〜させる」などがあります。

Ich |höre| die Sängerin <u>singen</u>.　私はその女性歌手が歌うのを聴きます。

Ich |sehe| einen Hund <u>laufen</u>.　私は一匹の犬が走っているのを見ます。

Ich |lasse| einen Wein <u>bringen</u>.　私はワインを持ってきてもらいます。

Wortschatz **und** *Ausdrücke*

Welcher Anzug gefällt dir?	きみはどのスーツが気に入っていますか。
— Dieser Anzug gefällt mir.	このスーツが気に入っています。
Welches Kleid kaufst du?	どのドレスを買いますか。
— Ich kaufe dieses Kleid.	私はこのドレスを買います。
Diesen Sommer bin ich nach Hokkaido gefahren.	今年の夏に私は北海道に行きました。
Jedes Jahr besuche ich meine Großeltern.	毎年私は私の祖父母を訪ねます。
Lass uns jetzt essen!	さあ、食べましょう！

Früher gab es hier eine Apotheke.

  A1 Ergänzen Sie „sein" oder „haben" im Präteritum. seinとhabenを過去形にし、空欄を埋めましょう。

Auf dem Foto (**war**) mein Freund Jan
12 Jahre alt. Er (**hatte**) damals einen Hund.

Die Haare meiner Freundin Steffi (   )
lang. Sie (   ) damals einen Hamster.

Monika, meine Freundin, (   ) damals
noch klein. Ihre Eltern (   ) freundlich.

Unser Nachbar, Herr Klein, (   )
kurze Haare. Er (   ) eine Katze.

*damals 当時　Hamster 男 ハムスター　Nachbar 男 隣に住んでいる人

seinの過去形	er / sie war　sie war**en**
habenの過去形	er / sie hatte　sie hatt**en**

*sein, habenの過去形は1課参照

  A2 Wie war dein Freund / deine Freundin? Schreiben Sie einen Text. 昔の友達の絵を描き、その人物を説明しましょう。（架空でも可）

Mein Freund / Meine Freundin war ... Jahre alt.
Er / Sie war groß / klein.
Seine / Ihre Haare waren lang / kurz.
Er / Sie hatte einen Hund / eine Katze / einen Hamster ...
Er / Sie hatte kein Haustier.

*Haustier 中 ペット

B1 **Ordnen Sie zu.** 昔と今の街の絵です。絵に当てはまる **1-8** を（ ）に入れましょう。複数入るものもあります。

1 Apotheke 女	**2** Bäume 複	**3** Buchhandlung 女	**4** Haus 中
5 Straßenbahn 女	**6** Kinder 複	**7** Bank 女	**8** Restaurant 中

früher　　　　　　　　　　　　jetzt

 B2 **Wie war es früher? Ergänzen Sie.** 以前の様子が描かれた左の絵を説明する過去形の動詞を下の選択肢 **a-e** から選びましょう。

1 Früher .... es hier eine Apotheke.　　Jetzt <u>gibt</u> es hier eine Bank.
2 Früher .... hier eine Buchhandlung.　Jetzt <u>steht</u> hier ein Restaurant.
3 Früher .... die Kinder im Park.　　　Jetzt <u>spielen</u> hier keine Kinder.
4 Früher .... die Bäume klein.　　　　Jetzt <u>sind</u> die Bäume groß.
5 Früher .... hier keine Straßenbahn.　Jetzt <u>fährt</u> hier eine Straßenbahn.

a fuhr	**b** gab	**c** spielten	**d** stand	**e** waren

 B3 **Ergänzen Sie.** **B2** の動詞 **a-e** を規則動詞・不規則動詞に分類し、不定形を書きましょう。

regelmäßige Verben 規則動詞	unregelmäßige Verben 不規則動詞
Präteritum 過去形： **spielten**	**gab** ....
↓	↓　　↓　　↓　　↓
Infinitiv 不定形： **spielen**	**geben** ....

過去形の語尾変化
er / sie / es —te
sie 　　　　—ten

er / sie / es ＿＿*
sie 　　　　＿＿* en ＊幹母音が変わることもある

 B4 **Sprechen Sie.** **B1** の絵を見て **B2** 以外に変わったところを隣の人に話しましょう。

1 Straße 女 schmal 狭い / breit 広い　　　2 Haus 中 alt / modern

例 Früher war <u>die Straße</u> ...　Jetzt ist er / sie / es ...

C1 **Sprechen Sie mit Ihrer Partnerin / Ihrem Partner. Was machte er / sie früher gern? Und was macht er / sie jetzt?** 以前は何をするのが好きでしたか。今は何をしていますか。質問して答えましょう。

 1-37

	Michael	Elena	Daniel	Bernd	Monika
früher	Fußball spiel**en**	tanz**en**		reis**en**	
heute	Fußballspieler		Maler		Sportlehrerin

例
- Was machte <u>M</u>ichael früher gern?
  ▲ <u>E</u>r spiel**te** gern <u>F</u>ußball. Was macht <u>e</u>r heute?
- Heute ist <u>e</u>r <u>F</u>ußballspieler.

→ S.97

規則動詞の過去形
er / sie ——te

 C2 **Ergänzen Sie die Verbendungen im Präteritum.** 過去形の人称語尾を補いましょう。語尾がいらない場合は ×を入れましょう。

Anna ging __×__¹ in den Wald. Sie musste_____² ihre Großmutter im Wald besuchen und sollte_____³ ihr Wein und Kuchen bringen. Ihre Mutter und ihr Bruder konnte_____⁴ nicht mitkommen. So durfte_____⁵ sie allein in den Wald. Da kam_____⁶ ihr ein Wolf entgegen und sagte_____⁷: „Hallo, Anna, wir wollte_____⁸ doch zusammen spazieren gehen." Anna sagte_____⁹: „Heute nicht. Meine Großmutter ist krank und ich muss sie besuchen." „Oh, das wusste_____¹⁰ ich nicht. Gute Besserung!", sagte_____¹¹ der Wolf.
Endlich war Anna bei ihrer Großmutter. Anna sagte_____¹²: „Hallo, Oma, hier sind Wein und Kuchen für dich. Mutter und ich backte_____¹³ gestern den Kuchen. Er schmeckt dir bestimmt." „Ich danke dir, Anna. Konnte_____¹⁴ du den Weg gut finden?", fragte_____¹⁵ die Großmutter. Anna antwortete_____¹⁶: „Ja, das war_____¹⁷ ganz einfach."

*ging < gehen Wald 男 森　musste < müssen　sollte < sollen　konnte < können　durfte < dürfen　Wolf 男 オオカミ　kam...entgegen < entgegen|kommen 歩み寄る　wollte < wollen　wusste < wissen 知っている　Gute Besserung! お大事に！　endlich ようやく　backte < backen（ケーキなどを）焼く　Weg 男 道　antwortete < antworten 答える　einfach 簡単な

過去形の語尾変化
ich	-×	du	-st
er/sie/es	-×	wir/sie	-(e)n

  C3 **Ergänzen Sie die Lücken.** 下の枠から動詞を選び、過去形に人称変化させ、**C2** の内容を短くした文を完成させましょう。動詞は何度でも使えます。

Am letzten Sonntag _____¹ Anna in den Wald, denn die Großmutter wohnt dort. Sie _____² ihr Wein und Kuchen bringen. Den Kuchen _____³ sie mit ihrer Mutter. Sie _____⁴ einem Wolf im Wald. Der Wolf _____⁵ sie. Sie _____⁶ aber nicht mit dem Wolf spazieren gehen. Und so _____⁷ sie allein zu ihrer Großmutter. Die Großmutter _____⁸ sich* sehr.　*5課参照

backen	begegnen 出会う	freuen 喜ぶ	gehen
grüßen 挨拶する	kommen	sollen	wollen

D1 **Ordnen Sie zu.** 絵に合う **a-f** を（　）に入れましょう。

*不規則動詞

a seine Freundin ab|holen　　**b** in die Bahn ein|steigen*　　**c** um 3 Uhr an|kommen*

d mit ihrem Hund aus|steigen*　　**e** viel ein|kaufen　　**f** den Fahrplan an|sehen*

D2 **Beschreiben Sie das Bild im Präteritum.** ein Mann / eine Frau を主語にして過去形の文を作り、互いに **D1** の絵を説明しましょう。

a Ein Mann <u>holte</u> seine Freundin <u>ab</u>.

b ....

c Der Zug ....

d ....

e ....

f ....

分離動詞の過去形
Er / Sie hol**te** ... ab. (ab|holen) 迎えに行く
Er /Sie kauf**te** ... ein. (ein|kaufen) 買い物する
Er/Sie **kam** ... an. (an|kommen*) 到着する
Er/Sie **stieg** ... ein. (ein|steigen*) 乗る
Er/Sie **stieg** ... aus. (aus|steigen*) 降りる
Er/Sie **sah** ... an. (an|sehen*) 見る

D3 **Hören Sie und ergänzen Sie die Lücken.** 音声を聞いて選択肢の中から単語を選びましょう。

◀)) 1-38

Gestern (　　　¹) ein Flohmarkt in der Goethestraße statt.

Das Wetter war schön und etwa 200 Leute (　　　²).

Alle (　　　³) viel ein, denn auf dem Flohmarkt (　　　⁴) man

alles kaufen: Kleidung, CDs, Möbel, Taschen und vieles mehr.

Am Abend (　　　⁵) fast nichts mehr da. Dann (　　　⁶) alle nach Hause.

*fand ... statt < statt|finden 催される　Flohmarkt 男 フリーマーケット　kamen < kommen 来る　konnte < können

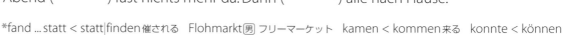

| fand | gingen | kamen | kauften | konnte | war |

E1 **Ein Klassenausflug nach Bremen. Ordnen Sie die Sätze zu und schreiben Sie die Infinitive.** ブレーメンへクラスで遠足に行きました。絵に合う文をa-gから選び、動詞の不定形を書きましょう。

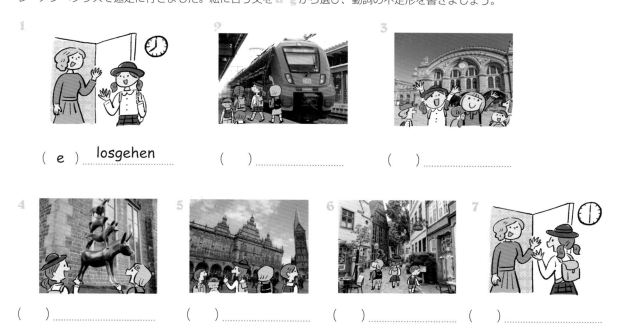

1   (e) __losgehen__   2 (   ) _____   3 (   ) _____

4 (   ) _____   5 (   ) _____   6 (   ) _____   7 (   ) _____

非分離動詞の過去形
ich besuch**te** / besichtig**te** / verbrach**te**
wir besuch**ten** / besichtig**ten** / verbrach**ten**

a Ich kam um 18 Uhr nach Hause zurück.   b Wir besuchten zuerst die Bremer Stadtmusikanten.
c Nach zwei Stunden kamen wir in Bremen an.   d Danach verbrachten wir eine Stunde im
Schnoorviertel.   e Ich ging um 8 Uhr von zu Hause los.   f Dann besichtigten wir das Rathaus.
g Am Bahnhof stiegen wir in die Bahn ein.

*Klassenausflug 男 クラスの遠足　kam ... zurück < zurück|kommen 戻る　besuchten < besuchen 訪れる　die
Bremer Stadtmusikanten 複 ブレーメンの音楽隊　verbrachten < verbringen 過ごす　Schnoorviertel 地名 シュノー
ル地区（かつて樽職人が住んでいた地区）　ging ... los < los|gehen 出発する　besichtigten < besichtigen 見学する

E2 **Wie war Ihr Klassenausflug? Schreiben Sie.** **E1** のクラスの遠足を例にあなたの小・中・高時代の遠足について書きましょう。（架空でも可）

In der Schule machten wir einen Klassenausflug. Wir fuhren nach _____ 1.
Wir fuhren um _____ 2 Uhr los. Um _____ 3 Uhr waren wir in _____ 4.
Wir besichtigten _____ 5 und _____ 6.
Wir sahen auch _____ 7 an. Um _____ 8 Uhr kamen wir zurück.

F1 **Ordnen Sie zu.** 絵を参考に、左の文に続く表現を2つずつ選びましょう。

…zu ＋不定詞（文末）　〜すること
分離動詞はzuを入れて1語に：
auf**zu**stehen

1 Es macht mir Spaß, (　　) und (　　).

2 Stefan hat vor, (　　) und (　　).

3 Monika hat Lust, (　　) und (　　).

　　*vor|haben 予定する

a mit meinen Freunden spazieren <u>zu gehen</u>.

b morgen früh <u>aufzustehen</u>.

c mit ihrer Freundin Chinesisch <u>zu lernen</u>.

d Gitarre <u>zu üben</u>.

e eine Geburtstagskarte für seine Schwester <u>zu kaufen</u>.

f Kuchen <u>zu backen</u>.

 F2 **Fragen Sie und antworten Sie.** Ja/Nein で答え、会話を完成させましょう。

 1-39

例 ins Kino gehen
(Filme an|sehen)

● Hast du Lust, mit mir <u>ins Kino zu gehen</u>?
▲ Ja gern. Ich <u>sehe gern Filme an</u>. / Nein, ich <u>sehe nicht gern Filme an</u>.

1 ins Konzert gehen (Musik hören)
2 einen Italienischkurs besuchen (Italienisch lernen)
3 einen Ausflug machen (im Freien sein)

Lust haben ＋zu不定詞　〜する気がある

*im Freien 野外で

 F3 **Fragen Sie Frau Tanaka und antworten Sie.** Tanaka さんに質問し、答えましょう。

 1-40

um …zu不定詞　〜するために

例 Deutsch lernen / mein Deutsch verbessern
● Warum <u>lernen</u> Sie <u>Deutsch</u>?　▲ Um <u>mein Deutsch</u> zu <u>verbessern</u>.

1 einen Stadtplan brauchen /
Sehenswürdigkeiten besichtigen

2 einen Französischkurs besuchen /
einmal nach Frankreich reisen

3 ein Fahrrad haben /
zur Uni fahren

4 viele Bücher aus|leihen /
ein Referat schreiben

*aus|leihen 借りる

 F4 **Ergänzen Sie.** statt または ohne を下線部に入れて文を完成させましょう。

1 Die Familie fuhr in den Urlaub, **statt** zu Hause zu bleiben.
2 Sie flogen mit dem Flugzeug, ＿＿＿＿＿＿＿ mit dem Auto zu fahren.
3 Sie gingen abends ins Restaurant, **ohne** ihren Hund mitzunehmen.
4 Die Tochter Sabrina blieb mit dem Hund im Hotel, ＿＿＿＿＿＿ Sehenswürdigkeiten mit ihren Eltern zu besichtigen.
5 Ihre Eltern gingen einkaufen, ＿＿＿＿＿＿＿ eine Einkaufstasche mitzunehmen.

(an)statt …zu不定詞　〜する代わりに
ohne …zu不定詞　　〜しないで

G **Welche Überschrift passt zu welchem Text?** テキストのタイトルとしてふさわしいものを a-c の中から選びましょう。また①-③の文が内容に合っているかチェックしましょう。（日付の序数の作り方はS.57参照）

1-41

a Die Sommersaison beginnt hier früher　b Fahrradtour auf Klassenfahrt
c Heute feiern wir unser Jubiläum

*Sommersaison女 夏の季節　Fahrradtour女 サイクリング　Jubiläum中 記念祭

1 ....

Vor 30 Jahren, am 12. 6., eröffnete das Familienhotel „Ulrich" in Bayern. Damals gab es nur 10 Zimmer. Heute hat das Hotel 50 Zimmer und sogar einen Swimmingpool.
Am 12. 6. feierte das Hotel sein 30. Jubiläum. Um 10 Uhr kamen die Gäste und die Jubiläumsfeier begann mit einem Weißwurstfrühstück. Am Abend gab es ein Grillbuffet und danach tanzten alle bis spät in die Nacht.

*eröffnete < eröffnen 開く　begann < beginnen 始まる　Weißwurstfrühstück中 白ソーセージの朝食
Grillbuffet中 グリルビュッフェ

		richtig	falsch
①	Das Familienhotel heißt „Ulrich".	☐	☐
②	Man eröffnete das Hotel im Winter.	☐	☐
③	Nicht alle konnten mitfeiern.	☐	☐

2 ....

Offiziell beginnt der Sommer am 21. Juni. Am 25. Mai betrugen die Temperaturen auf Mallorca bereits 23 Grad. Die Sonne schien und man konnte an den Strand gehen. Am Strand war es noch ruhig. Kerstin und Johannes waren am 13. Mai auf Mallorca. Leider betrugen die Wassertemperaturen nur 10 Grad und sie konnten nicht schwimmen gehen. Aber die Restaurants waren offen und man konnte in einigen Geschäften einkaufen.

*offiziell 公式に　betrugen < betragen （温度）である　Mallorca マジョルカ（島）　bereits すでに
schien < scheinen （太陽が）照る　Strand男 浜辺　offen 開いている

		richtig	falsch
①	Am Strand waren noch nicht so viele Leute.	☐	☐
②	Kerstin und Johannes waren am 21. Juni auf Mallorca.	☐	☐
③	Die Restaurants und die Geschäfte waren noch geschlossen.	☐	☐

Phonetik　二重母音

1-42 **1 Sprechen Sie nach. Achten Sie auf die Diphthonge „au" und „äu".** 二重母音 "au"/"äu"の違いに注意して発音しましょう。

[aʊ] – [ɔɪ]　H**au**s – H**äu**ser　B**au**m – B**äu**me　Tr**au**m – tr**äu**men　verk**au**fen – Verk**äu**fer

1-43 **2 Verbinden Sie und sprechen Sie nach.** 発音記号と結び、後に続いて発音しましょう。

1　D**eu**tsch　n**eu**　t**eu**er　Flugz**eu**g　**Eu**ro　・
　　　　　　　　　　　　　　　　　　　・ [aɪ]
2　**Ei**s　R**ei**se　kl**ei**n　arb**ei**ten　s**ei**t　・
　　　　　　　　　　　　　　　　　　　・ [ɔɪ]
3　M**ai**　Th**ai**land　M**ey**er　B**ay**ern　・

1 過去形 (Präteritum)

過去形は、物語や記事など主に書き言葉で使われます。話し言葉では完了形を使って過去の出来事を表わしますが、話法の助動詞や sein, haben, werden などはたいてい過去形を使います。

- 規則動詞 (regelmäßige Verben)　　　　：語幹に te をつけた形が過去基本形です：spielen : spielte
- 不規則動詞 (unregelmäßige Verben)：語尾 -en が取れ、語幹の母音が変わることがあります。

不定形		spielen	kommen	gehen	sehen	steigen
過去基本形		spielte	kam	ging	sah	stieg
ich	—×	spielte	kam	ging	sah	stieg
du	—st	spieltest	kamst	gingst	sahst	stiegst
er / sie / es	—×	spielte	kam	ging	sah	stieg
wir	—(e)n※	spielten	kamen	gingen	sahen	stiegen
ihr	—t	spieltet	kamt	gingt	saht	stiegt
sie	—(e)n※	spielten	kamen	gingen	sahen	stiegen
Sie	—(e)n※	spielten	kamen	gingen	sahen	stiegen

※ 過去基本形が -e で終わるときは、-n のみをつけます。

2 分離動詞・非分離動詞の過去形 (Trennbare und untrennbare Verben im Präteritum)

分離動詞では、前つづりを除いた基礎動詞を過去形にし、前つづりを文末に置きます。非分離動詞は分離しません。

分離動詞：	Der Zug **kam an**.	列車は到着した。
	Viele Leute **stiegen aus**.	多くの人は降りた。
非分離動詞：	Wir **besuchten** gestern die Oper.	私たちは昨日オペラ座を訪ねた。

3 zu不定詞 (句) (Infinitiv mit zu)

1. zu+不定詞は「... すること」を意味し、zu 不定詞を含む句を zu 不定詞句といいます。

zu 不定詞：　　 **zu** kommen 　　　　　来ること

zu 不定詞句：mit ihm **zu** kommen 彼と来ること

Hast du Lust, zu meiner Party **zu** kommen? 　　私のパーティに来る気はある？

2. 分離動詞では zu を分離前つづりと基礎動詞の間に入れます。

mit|kommen → mit**zu**kommen

3. um, (an)statt, ohne は、zu 不定詞（句）と共に、副詞的な使われ方をします。

- um ... zu 不定詞（句）：「～するために」

Ich lerne Deutsch, **um** nach Deutschland **zu** fahren. 私はドイツに行くためにドイツ語を学ぶ。

- (an)statt ... zu 不定詞（句）：「～する代わりに」

Ich fahre nach Berlin, **statt** nach Bonn **zu** fahren. 　私はボンに行く代わりにベルリンに行く。

- ohne ... zu 不定詞（句）：「～しないで、～せずに」

Er spielt Fußball, **ohne** eine Pause **zu** machen. 　彼は休憩を取らずにサッカーをする。

Gestern habe ich ferngesehen.

  A1 **Was machen die Personen?** それぞれの人物が何をしているか、絵の下に書き込みましょう。

> das Bad putzen   den Boden wischen   ~~bügeln~~   Geschirr spülen/ab|waschen   kochen
> ~~den Müll raus|bringen~~   staubsaugen   im Supermarkt ein|kaufen   Wäsche waschen
> das Zimmer auf|räumen

1

den Müll rausbringen

2

....

3

....

4

....

5

....

6

....

7

....

8

....

9

bügeln

10

....

*Boden 男 床 Geschirr 中 食器 Müll 男 ゴミ Wäsche 女 洗濯物

  A2 **Was macht er/sie? Sprechen Sie.** それぞれの人物がしていることを、er/sie を主語にして話しましょう。

例　1　Er bringt den Müll raus.
　　2　Sie …

B1 **Was machen Sie gern im Haushalt? Sprechen Sie.** 家事で好きなことは何ですか。**A1** の表現を参考にグループで話しましょう。音声を聞いて確認しましょう。

🔊 1-44

Ich putze gern das Bad.
Putzt du auch gern das Bad?

Nein, nicht so gern.
Ich räume lieber mein Zimmer auf.
Und du? Räumst du auch gern
dein Zimmer auf?

*gern < lieber : もっと好きだ
bügeln : ich büg(e)le
putzen : du putzt

Ja, aber ich koche lieber.

 B2 **Machen Sie Interviews.** クラスメート2名に家事で好きなこと、嫌いなことを聞きましょう。

🔊 1-45

例 ● Was machst du **gern** im Haushalt? ▲ Ich koche **gern**.
● Was machst du **nicht so gern** im Haushalt? ▲ Ich putze **nicht so gern** das Bad.
● Was machst du **gar nicht gern** im Haushalt? ▲ Ich wische **gar nicht gern** den Boden.

Name	gern	nicht so gern	gar nicht gern
Beispiel	kochen	das Bad putzen	den Boden wischen
ich			

B3 **Stellen Sie die Partnerinnen / die Partner aus** **B2** **vor.** **B2** でインタビューしたクラスメートの紹介をしましょう。

🔊 1-46

例 Michael kocht **gern**. Er putzt aber **nicht so gern** das Bad und wischt **gar nicht gern** den Boden.

....

....

....

....

C1 **Was haben die Personen gemacht? Ergänzen Sie.** 絵を見ながら、空欄に選択肢の中から適切な過去分詞を補いましょう。

> angerufen   besichtigt   ~~besucht~~   eingekauft   eingeladen
> ferngesehen   fotografiert   gegangen   repariert

1　● Lena, was hast du gestern gemacht?
　　▲ Gestern bin ich in den Park ....
　　　und habe dort Blumen ....

2　Gestern Abend hat Leo ....
　　und seine Freundin ....

3　Im Sommer haben Herr und Frau Müller Wien ..besucht..
　　und das Schloss Schönbrunn ....

4　Lukas hat am Samstag im Supermarkt ....
　　und dann sein Fahrrad ....

5　Am Sonntagnachmittag hat Frau Bauer ihre Freunde
　　zum Kaffee ....

C2 **Ergänzen Sie die Verben im Partizip Ⅱ.** 以下の表に、 **C1** から動詞の過去分詞を補い、規則を見つけましょう。

規則動詞	machen（する）	← gemacht
不規則動詞	gehen*（行く）	← gegangen
be- など非分離前つづりで始まる動詞	besuchen（訪れる）	← besucht
	besichtigen（見学する）	←
-ieren で終わる動詞	fotografieren（写真を撮る）	←
	reparieren（修理する）	←
分離動詞	an|rufen*（電話する）	←
	ein|kaufen（買い物をする）	←
	ein|laden*（招待する）	←
	fern|sehen*（テレビを見る）	←

*不規則動詞

D1 Lina ist Schülerin. Was hat Lina am Wochenende gemacht? Ergänzen Sie die Verben im Partizip Ⅱ. Hören Sie dann das Gespräch und vergleichen Sie. 高校生のLinaが週末何をしたか、以下の
メモを見ながら、空欄に選択肢の中から動詞を補い、その後、会話を聞きましょう。

🔊 1-47

28.05. (Sa.)	29.05. (So.)
9.00 aufstehen	14.00- Opa & Oma besuchen
10.30- einkaufen	18.00 nach Hause zurückkommen
14.00- Zimmer aufräumen	20.00- fernsehen
16.00- Hausaufgaben machen	
21.00 Julia anrufen	

Uli : Hallo, Lina! Wie geht's?

Lina : Hallo, Uli! Gut. Und dir?

Uli : Nicht schlecht. Was hast du am Wochenende gemacht?

Lina : Nichts Besonderes. Am Samstag bin ich um neun <u>aufgestanden</u> ¹. Dann habe ich gefrühstückt und um halb elf bin ich von zu Hause _____ ².
Am Vormittag habe ich im Supermarkt _____ ³. Am Nachmittag habe ich mein Zimmer _____ ⁴ und dann meine Hausaufgaben gemacht.
Am Abend habe ich meine Schwester Julia _____ ⁵. Sie wohnt jetzt in einer WG.

Uli : Und am Sonntag? Warst du zu Hause?

Lina : Nein, am Sonntag habe ich meine Großeltern _____ ⁶. Sie haben meine Schwester und mich zum Kaffee _____ ⁷. Meine Oma backt sehr gern Kuchen. Diesmal hat sie einen Obstkuchen und einen Käsekuchen <u>gebacken</u> ⁸. Sie waren sehr lecker. Wir haben auch viele Kekse _____ ⁹. Erst um sechs bin ich nach Hause _____ ¹⁰. Nach dem Abendessen habe ich _____ ¹¹.

> angerufen   aufgeräumt   ~~aufgestanden~~   ~~gebacken~~   besucht   bekommen
> eingekauft   eingeladen   ferngesehen   losgegangen   zurückgekommen

*nichts Besonderes 特に何もない・まあまあだ   WG (= Wohngemeinschaft)囡 シェアハウス   lecker 美味しい
Kekse 覆 < Keks 團 クッキー・ビスケット   erst um ... (Uhr) ～時になってようやく

D2 Was haben die Personen heute gemacht? Sprechen Sie. 絵の人物たちが今日したことを、現在完了形で話
しましょう。

例 Der Mann <u>hat</u> den Müll <u>rausgebracht</u>.
Die Frau hat ...   *rausgebracht (= herausgebracht)
< heraus|bringen 外へ運び出す

1    2    3

E1 **Was haben die Personen in dieser Woche gemacht? Fragen Sie Ihre Partnerin / Ihren Partner.**
それぞれの人物が今週何をしたか尋ねましょう。

1-48

例 ● Was hat Christian am Montag gemacht?
▲ Er hat sein Zimmer aufgeräumt.

	am Montag	am Mittwoch	am Wochenende
Christian	sein Zimmer aufgeräumt	seine Seminararbeit abgegeben	
Laura	ein Seminar besucht		im Zoo Tiere fotografiert
Herr und Frau Koch		am Abend ferngesehen	

 → S.98   *ab|geben 提出する   aus|schlafen ぐっすり眠る   Tiere 複 < Tier 中 動物

  E2 **Was haben Sie gestern gemacht? Schreiben Sie. Sie können die folgenden Wörter benutzen.**
昨日は何をしましたか？思い出しながら書きましょう。以下の動詞も参考にしましょう。

ab|geben   auf|stehen(s)   auf|räumen   besuchen   ein|kaufen   fern|sehen
los|gehen(s)   mit ... telefonieren   zurück|kommen(s)

Gestern bin ich um ... (Uhr) aufgestanden.
Am Vormittag habe / bin ich ...
Am Nachmittag ...
Am Abend ...
Um ... (Uhr) bin ich ins Bett gegangen.

um ... (Uhr) :   ～時に
von ... bis ... :   ～時から～時まで
ab ... (Uhr) :   ～時以降は

E3 **Ordnen Sie zu.** 絵を見ながら、それぞれのイラストから、前置詞句に合うアルファベットを選びましょう。

1   aus der Bibliothek   ....
    in die Bibliothek   ....
    von der Bibliothek   ....
    zur Bibliothek   ....

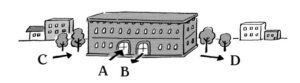

2   aus dem Park   ....
    in den Park   ....
    vom Park   ....
    zum Park   ....

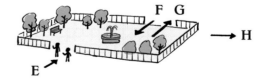

3   auf den Markt   ....
    vom Markt   ....

F1 **Ergänzen Sie die Präpositionen.** 空欄に適切な前置詞（または前置詞と冠詞の融合形）を選んで入れましょう。前置詞は何度使っても構いません。

in　ins　zum

場所・建物	人
1 Michael geht (　　　) Kino.	
2a Herr Bogner geht (　　　) die Arztpraxis.	**2b** Herr Bogner geht (　　　) Arzt.
3a Frau Sander geht (　　　) die Bäckerei.	**3b** Frau Sander geht (　　　) Bäcker.

*Arztpraxis 囡 診療所　Bäckerei 囡 パン屋

 F2 **Ergänzen Sie die Präpositionen.** 空欄に適切な前置詞（または前置詞と冠詞の融合形）を選んで入れましょう。

aus　　vom

場所・建物	人
1 Michael kommt (　　) dem Kino.	
2a Herr Bogner kommt (　　) der Arztpraxis.	**2b** Herr Bogner kommt (　　) Arzt.
3a Frau Sander kommt (　　) der Bäckerei.	**3b** Frau Sander kommt gerade (　　) Bäcker.

 F3 **Wie kommt Johanna zum Marktplatz?** 音声を聞きながら、Johannaがどのように市場に着いたか、地図上をたどってみましょう。

◀)) 1-49

*Brücke 囡 橋　Ampel 囡 信号

links ⟷ rechts

G **Lesen Sie einen Teil von „Aschenputtel" und beantworten Sie die Fragen.** Grimm童話『シンデレラ』からの一節を読み、答えましょう。

🔊 1-50

(…) Die Stiefmutter und ihre Stiefschwestern waren böse und haben Aschenputtel die schönen Kleider weggenommen. Das Mädchen musste von morgens bis abends schwere Arbeit tun. Sie ist jeden Morgen sehr früh aufgestanden. Sie hat Wasser getragen, Feuer angemacht, gekocht, Wäsche gewaschen und den Boden gewischt. Abends nach der Arbeit war sie sehr müde, aber sie hatte kein Bett zum Schlafen. Da musste sie sich neben den Herd in die Asche legen. (…)

*Stiefmutter 女 継母 Stiefschwestern 複 < Stiefschwester 女 異母姉妹 böse 邪悪な・性悪の weggenommen < weg|nehmen 取り上げる Feuer 中 angemacht < an|machen 火をつける Herd 男 かまど sich legen 横になる（5課参照）Asche 女 灰

1 **Was musste das Mädchen von morgens bis abends machen? Ergänzen Sie.** この女の子は朝から晩まで何をしなくてはならなかったでしょう。空欄に動詞の不定形を入れましょう。

Sie musste jeden Morgen sehr früh __aufstehen__ [1], Wasser _____ [2],

Feuer _____ [3], __kochen__ [4], Wäsche _____ [5] und

den Boden _____ [6].

2 **Richtig oder falsch? Kreuzen Sie an.** 話の内容に合っていれば richtig、合っていなければ falsch にチェックを入れましょう。

		richtig	falsch
a	Die Stiefmutter und ihre Stiefschwestern haben Aschenputtel schöne Kleider gegeben.	☐	☐
b	Das Mädchen musste den ganzen Tag hart arbeiten.	☐	☐
c	Nach der Arbeit konnte das Mädchen im Bett schlafen.	☐	☐

*hart 懸命に

Phonetik 長母音と短母音

1 **Sind die Vokale *lang* oder *kurz*? Kreuzen Sie an und sprechen Sie nach. Finden Sie die Regel.** 音声を聞き、色のついた母音が長いか短いかチェックし、後に続いて発音しましょう。また母音が長くなる時、短くなる時の規則を考えましょう。

🔊 1-51

		lang	kurz
1	bekommen Geschirr Kaffee Mann Müll Mutter Zimmer	☐	☐
2	Bad Boden bügeln rufen spülen Straße Supermarkt	☐	☐
3	fahren Fahrrad gehen Ihnen sehen stehen	☐	☐

2 **Sind die Vokale gleich lang? Markieren Sie ○ oder ×.** 音声を聞き、色のついた母音の**長さ**が同じなら○、違っていれば×を入れてください。

🔊 1-52

1	Fuß — Fluss	( )	2	Bahn — Bank	( )
3	Bad — Boden	( )	4	müde — Müll	( )
5	Stadt — Straße	( )	6	Wäsche — waschen	( )

1 現在完了形と過去分詞（Perfekt und Partizip Ⅱ）

Ich **habe** gestern meine Großeltern **besucht**.

Ich **bin** heute früh **aufgestanden**.

＜過去分詞の作り方＞　　　　　　　　　　　　　※1と2は、過去分詞に ge- がつきません。

1. 非分離前つづり（be-, emp-, ent-, er-, ge-, ver-, zer- 等）のある動詞

    besuchen（訪れる）> besuch**t**　　　　besichtigen（見学する）> besichtig**t**

    verstehen（理解する）> verstand**en**　　verkaufen（売る）> verkauf**t**

2. -ieren で終わる動詞

    fotografieren（写真を撮る）> fotografier**t**　reparieren（修理する）> reparier**t**

    studieren（大学で学ぶ）> studier**t**　　informieren（情報を与える）> informier**t**

3. 分離動詞

    an|rufen（電話をかける）> an**ge**ruf**en**　fern|sehen（テレビを見る）> fern**ge**seh**en**

    auf|stehen（起きる）> auf**ge**stand**en**　ein|kaufen（買い物をする）> ein**ge**kauf**t**

2 前置詞の使い分け（Lokale Präpositionen）

場所・建物 「～(の中)へ」	人 「～へ」
Ich gehe **in** die Arztpraxis. 私は診療所へ入っていきます。	Ich gehe **zum** Arzt. 私は医者へ行きます。
Frau Sander geht **in** die Bäckerei. ザンダーさんはパン屋の中へ入っていきます。	Frau Sander geht **zum** Bäcker. ザンダーさんはパン屋さんへ行きます。

場所・建物 「～(の中)から」	人 「～から」
Herr Bogner kommt **aus** der Arztpraxis. ボーグナー氏は診療所から出てきます。	Herr Bogner kommt **vom** Arzt. ボーグナー氏は医者から（帰って）きます。

Klaus geht **in** die Bibliothek.　　　　Klaus geht **zur** Bibliothek.
　　クラウスは図書館の中へ入っていきます。　　　　クラウスは図書館へ行きます。

Klaus kommt **aus** der Bibliothek.　　　Klaus kommt **von** der Bibliothek.
　　クラウスは図書館の中から出てきます。　　　　クラウスは図書館からきます。（出発点）

Wortschatz **und** *Ausdrücke*

Was machst du gern im Haushalt?　　— Ich koche gern, aber putze nicht gern das Bad.
家事では何が好きですか？　　　　　　　　私は料理が好きですが、お風呂磨きは好きではありません。

Gestern habe ich meine Großeltern besucht und danach mein Zimmer aufgeräumt.
昨日、私は祖父母を訪れ、その後、部屋の片づけをしました。

Ich wasche mir die Hände.

 A1 **Was passt? Ordnen Sie zu.** 絵に合うものを語群から選びましょう。

1 (**h**)

Ich ziehe mich an.

2 ( )

3 ( )

4 ( )

5 ( )

6 ( )

7 ( )

8 ( )

a Ich bade mich.
b Maria schminkt sich.
c Herr Kurz rasiert sich.
d Jonas duscht sich.
e Wir waschen uns die Hände.
f Ich putze mir die Zähne.
g Frau Klein kämmt sich die Haare.
~~h Ich ziehe mich an.~~

 A2 **Ergänzen Sie.** **A1** を参考に表を補いましょう。

Reflexivpronomen 再帰代名詞

	1人称	2人称	3人称			1人称	2人称	3人称	2人称
	私	君	彼	彼女	それ	私たち	君たち	彼ら	あなた(方)
3格		dir					euch	**sich**	**sich**
4格		dich				uns	euch	**sich**	**sich**

 1-53

3格の再帰代名詞：Ich wasche **mir** die Hände. 私は自分の手を洗います。
4格の再帰代名詞：Ich wasche **mich**. 私は自分の体を洗います。

 A3 **Schreiben Sie.** 主語に合わせて文を完成させましょう。

1 Lukas wäscht _____ die Hände.

2 Wir putzen _____ die Zähne.

3 Ich bade _____.

4 Marie und Anna _____.

B1 **Ein Tag von Maki. Sprechen Sie.** Makiの一日について話しましょう。

例 Maki wäscht sich das Gesicht.

例 sich das Gesicht waschen	1 sich schminken	2 sich die Haare kämmen	3 sich die Zähne putzen

4 im Büro an|kommen	5 mit der Arbeit beginnen	6 zu Mittag essen	7 sich mit ihrer Arbeit beschäftigen

8 sich mit ihrer Kollegin unterhalten	9 fern|sehen	10 sich über die Politik ärgern	11 sich baden

*sich⁴ mit +3格（Dativ）beschäftigen ～にとりくむ sich⁴ mit +3格（Dativ）unterhalten ～とおしゃべりする
Kollegin 女 同僚 sich⁴ über +4格（Akkusativ）ärgern 怒る

  B2 **Unsere Hochzeit. Was hat das Paar vor der Hochzeitsfeier gemacht? Schreiben Sie.** ある夫婦の
結婚パーティーの日の身支度について現在完了形で書きましょう。

例  Wir haben gefrühstückt.

1	2	3

Ich habe mir	Dann habe ich mich	Ich habe mich zuerst
....	....	....

4	5
Danach	Ich habe
....	....

*sich³ das Hochzeitskleid an\|ziehen（過去分詞はangezogen）　ウェディングドレスを着る

C1 **Wofür interessierst du dich? Fragen Sie und antworten Sie in der Gruppe.** 3〜4人のグループで、友
達の興味についてメモしましょう。選択肢の単語を参考にしましょう。

🔊 1-54

例 ● Wofür interessierst du dich?

▲ Ich interessiere mich für <u>Sport</u>. Und du? Wofür interessierst du dich?

■ Ich interessiere mich für <u>Reisen</u>. Und du? Wofür … ?

was + für = wofür 💡

Name	ich			
Interesse				

*Mode 女 流行
Radtouren 複
< Radtour 女 サイクリング

  C2 **Schreiben Sie. Wofür interessieren sich Ihre Partnerinnen / Ihre Partner von** **C1** **?** **C1** のグル
ープの友達について書きましょう。

例 Maika interessiert sich für Sport.
Yuta …

sich⁴ für + 4格(Akkusativ) interessieren 〜に興味がある 💡
er / sie / es interessiert sich für …

  C3 **Ergänzen Sie.** 再帰代名詞を入れましょう。

🔊 1-55

1 Er interessiert .... für Musik.

2 Freut sie .... auf das Konzert?

3 Wir haben .... über die Geschenke gefreut.

4 Erinnerst du .... an den Ausflug?

5 Interessiert ihr .... fürs Tanzen?

6 Ich freue .... auf die Reise in die Schweiz.

sich⁴ auf + 4格(Akkusativ) freuen 〜を楽しみにしている
sich⁴ über + 4格(Akkusativ) freuen 〜を喜ぶ
sich⁴ an + 4格(Akkusativ) erinnern 〜を覚えている

D1 **Worauf freuen sich die Personen? Ordnen Sie zu.** 次の人たちになって、楽しみにしていることを選択肢を
参考に話しましょう。

1-56

例 ● Worauf <u>freut</u> ihr <u>euch</u>?
　　▲ <u>Wir freuen uns auf die Sommerferien</u>.

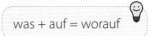

was + auf = worauf

1

● Worauf _____ du _____?
▲ Ich freue _____.

2

● Worauf _____ Sie _____?
▲ Ich _____.

3

● Worauf _____ Sie _____?
▲ Wir _____.

4

● Worauf _____ du _____?
▲ _____.

> **a** ~~die Sommerferien~~　**b** die Reise nach Japan　**c** meinen Geburtstag
> **d** das Uni-Fest　**e** meinen Aufenthalt in Paris　**f** Weihnachten

*Aufenthalt 男 滞在

D2 **Peter früher und heute. Schreiben Sie.** Peterの子供のころと現在を比較して書きましょう。

als Kind	jetzt
1　Ich habe mir am Abend die Haare gewaschen.	1　Ich wasche mir am Morgen die Haare.
2　Ich habe mich nicht rasiert.	2　Ich rasiere mich.
3　Ich _____ mit dem Lernen beschäftigt.	3　Ich _____ mit meiner Arbeit.
4　_____	4　Ich freue mich nicht mehr auf den Weihnachtsmann.
5　_____ noch nicht für _____.	5　Ich interessiere mich für Umweltschutz.

*Weihnachtsmann 男 サンタクロース　Umweltschutz 男 環境保護

D3 **Worüber haben sich die Personen gefreut? Fragen Sie Ihre Partnerin / Ihren Partner.**
次の人たちが何のことを喜んだか話しましょう。

1-57

was + über = worüber

例 ● Worüber <u>hat</u>(/ haben) sich Anja(/ Masato und Hiroki) gefreut?
　　▲ <u>Anja (/ Masato und Hiroki) hat (/ haben)</u> sich über <u>das Geburtstagsgeschenk</u> gefreut.

Anja	Florian	Klara	Masato und Hiroki	Shota und Aoi
das Geburtstags- geschenk		den Ring		den Computer

→ S.98

E1 Was passt? Ordnen Sie zu. 次の状況に合う絵を選びましょう。

1 Man muss sich auf den Test konzentrieren. ( )
2 Im Wald fühle ich mich wohl. ( )
3 Wir unterhalten uns im Café. ( )
4 Mein Nachbar beschwert sich über den Lärm. ( )
5 Die Mutter ärgert sich über die schlechte Note. ( )

*sich⁴ auf + 4格 (Akkusativ) konzentrieren ～に集中する sich⁴ über + 4格 (Akkusativ) beschweren について苦情を言う
sich⁴ fühlen 感じる wohl 心地よく Note 女 点数

a  b  c  d  e

E2 Hören Sie und ordnen Sie zu. ドイツ語を聞き、Sophiaがしたことについて順に番号を入れましょう。

1-58

a ( )  b ( )  c ( )  d ( )  e (1)

E3 Wer hat das Buch geschrieben? Lesen Sie die Sätze und ordnen Sie den Titel und den Autor zu. タイトルと作者を選びましょう。

		Titel	Autor
1	Gregor Samsa hat sich in ein Insekt verwandelt.		c
2	Romeo und Julia haben sich geliebt.		
3	Werther musste sich von Charlotte trennen.		
4	Die Stiefmutter hat sich über Schneewittchen geärgert.		

*Insekt 中 虫 verwandelt < verwandeln 変身する sich⁴ trennen 別れる

Titel	Autor
A Die Verwandlung	a Johann Wolfgang von Goethe
B Schneewittchen	b Brüder Grimm
C Romeo und Julia	c Franz Kafka
D Rotkäppchen	d William Shakespeare
E Die Leiden des jungen Werthers	e Albert Camus

F1 Worüber unterhalten sich die Personen oft? Fragen Sie Ihre Partnerin / Ihren Partner. 次の人たちは何についてよく話していますか。話しましょう。

例 ● Worüber unterhält sich Sayaka (/ Taro) oft mit ihren (/ seinen) Freunden?

▲ Sie (/ Er) unterhält sich oft über Mode und Kleidung.

Sayaka	Taro	Erika	Stefan	Heidi	Daiki
Mode und Kleidung		Reisen und Ausland		Umwelt	

*Kleidung 女 衣服　Ausland 中 外国　Umwelt 女 環境

 → S.98

F2 Sprechen Sie mit Ihrer Partnerin / Ihrem Partner. 聞いて話しましょう。

例 ● Worüber ärgerst du dich oft?

▲ Ich ärgere mich oft über Müll auf der Straße. Und du? Worüber ärgerst du dich oft?

● Ich ärgere mich oft über die Politik.

[Müll auf der Straße / Umweltzerstörung / die Politik / Zugverspätungen]

1　● Wo kannst du dich gut konzentrieren?

　　▲ Ich kann mich gut _____ konzentrieren.

　　Und du? Wo _____?

　　● Ich _____.

[in der Bibliothek / in der Mensa / zu Hause / im Café]

2　● Wo fühlst du dich wohl?

　　▲ Ich fühle mich wohl _____.

　　Und du? _____?

　　● _____.

[im Wald / im Badezimmer / am Meer / im Fitnessstudio / im Park]

3　● Womit beschäftigst du dich am Abend?

　　▲ Ich beschäftige mich am Abend mit _____.

　　Und du? Womit _____?

　　● _____.

[einem Referat / den Hausaufgaben / dem Deutschlernen]

4　● Worüber unterhältst du dich oft mit deinen Freunden?

　　▲ Ich unterhalte mich oft mit meinen Freunden über _____.

　　Und du? Worüber _____?

　　● _____.

[Politik / Ökonomie / Mode / Fußball / Baseball / Hobbys]

*Umweltzerstörung 女 環境破壊　Zugverspätung 女 列車の遅延　Ökonomie 女 経済

G **Lesen Sie Leas E-Mail und antworten Sie.** メールを読み、返事を書きましょう。

🔊 1-61

> Hallo Yui,
>
> wie geht's dir? Seit April studiere ich in Wien Jura. Ich habe mich langsam an das
> neue Leben gewöhnt. Ich wohne in einer WG. Meine drei Mitbewohnerinnen sind
> Österreicherinnen und sehr freundlich. Zurzeit beschäftige ich mich mit einem
> 5 Referat. Und ich will mich um ein Stipendium bewerben. Dafür muss ich mich auf
> das Studium konzentrieren. Die Hälfte des Sommersemesters ist schon vorbei und
> ich freue mich auf die Sommerferien. Seit ich nach Wien gezogen bin, wohnt
> meine Mutter allein. Ich will im Sommer zu ihr nach Frankfurt fahren. Wollen wir
> uns im Sommer in Frankfurt treffen? Hast du Zeit?
> 10 Schreib mir bald!
>
> Liebe Grüße
> Lea

*langsam 徐々に sich⁴ an + 4格 (Akkusativ) gewöhnen 慣れる Mitbewohnerinnen < Mitbewohnerin 囡 同居人 Österreicherinnen < Österreicherin 囡 オーストリア人 zurzeit 今のところ Referat 囲 レポート Stipendium 囲 奨学金 sich⁴ um + 4格 (Akkusativ) bewerben 応募する dafür そのために seit ～ 以来 gezogen < ziehen 引っ越す allein 一人で sich⁴ treffen 会う

> Liebe Lea,
>
> danke für deine Mail. Ich studiere jetzt in ....¹ ....².
> Zurzeit beschäftige ich mich mit ....³.
> Ich will auch im Sommer ....⁴ fahren.
> Ich freue ....⁵ darauf, dich in Frankfurt zu treffen.
> Ich wünsche dir viel Erfolg bei deinem Studium.
>
> ....⁶
>
> Yui

> **darauf = da(r) + 前置詞**
> 後続の副文、zu 不定詞句の内容を示します。

🔊 1-62 **1** **Sprechen Sie nach. Achten Sie auf den Unterschied zwischen „l" und „r".** l と r の音の違いに注意しながら後に続いて発音しましょう。

<u>l</u>inks — <u>r</u>echts   <u>L</u>icht — <u>R</u>echt   <u>l</u>eise — <u>R</u>eise   <u>l</u>eiten — <u>r</u>eiten
b<u>l</u>au — b<u>r</u>aun   sch<u>l</u>ank — Sch<u>r</u>ank   füh<u>l</u>en — füh<u>r</u>en   G<u>l</u>as — G<u>r</u>as

🔊 1-63 **2** **Fragen Sie und antworten Sie mit „Nein".** 相手の尋ねる名前に „Nein" で答え、もう一つの名前を名乗りましょう。

例 (Lehmann — Rehmann) Sind Sie Herr/Frau <u>Lehmann</u>? — Nein, ich heiße <u>Rehmann</u>.

1 (Lange — Range)   2 (Lamsdorf - Ramsdorf)   3 (Kloss — Kross)

1 再帰代名詞 (Reflexivpronomen)

	1人称	2人称	3人称			1人称	2人称	3人称	2人称
	私	君	彼	彼女	それ	私たち	君たち	彼ら	あなた(方)
1格	mir	dir	sich			uns	euch	sich	sich
4格	mich	dich	sich			uns	euch	sich	sich

目的語が主語と同じ人・物をさす代名詞を再帰代名詞といいます。再帰代名詞の1人称と2人称は、人称代名詞と同じ形ですが、3人称と2人称敬称ではsichという特別な形を使います。

> 3格の再帰代名詞： Ich wasche **mir** die Hände.　　私は自分の手を洗います。
> 4格の再帰代名詞： Ich wasche **mich**.　　私は自分の体を洗います。

※人称代名詞と再帰代名詞の違い

> 人称代名詞： Er wäscht **ihn** (= den Hund).　　彼はそれ (犬) を洗います。
> 再帰代名詞： Er wäscht **sich**.　　彼は自分の体を洗います。

※疑問詞wasが前置詞と用いられる場合、wo(r) + 前置詞となります。母音で始まる前置詞が用いられるとき、wor-となります。

> Worauf freust du dich?　　君は何を楽しみにしていますか？
> was + für = wofür　　was + mit = womit　　was + auf = worauf　　was + über = worüber

※前置詞と共に用いられるものが名詞ではなく、zu不定詞句や副文の場合、da(r) + 前置詞を主文の中に置きます。

> Ich freue mich darauf, nach Berlin zu fahren.　　私はベルリンへ行くのを楽しみにしています。
> da + für = dafür　　da + mit = damit　　da + auf = darauf　　da + über = darüber

2 再帰動詞 (Reflexive Verben)

再帰代名詞と動詞が熟語的に結びついている動詞を再帰動詞といいます。再帰動詞は特定の前置詞と共に使われる場合があります。

> sich⁴ für + 4格 (Akkusativ) interessieren：〜に興味がある
> > Ich interessiere **mich für** Sport.　　私はスポーツに興味があります。
>
> sich⁴ auf + 4格 (Akkusativ) freuen：〜を楽しみにしている
> > Freuen Sie **sich auf** den Urlaub?　　あなたは休暇を楽しみにしていますか？
>
> sich⁴ über + 4格 (Akkusativ) freuen：〜を喜ぶ
> > Meine Tochter freut **sich über** das Geschenk.　　私の娘はプレゼントを喜んでいます。
>
> sich⁴ an + 4格 (Akkusativ) erinnern：〜を覚えている
> > Ich erinnere **mich** gut **an** ihn.　　私は彼のことをよく覚えています。

Könnten Sie mir helfen?

A1 **Ordnen Sie zu.** スーパーマーケットの売り場の表示を選択肢の中から選び、1-7 に入れましょう。

◀) 1-64

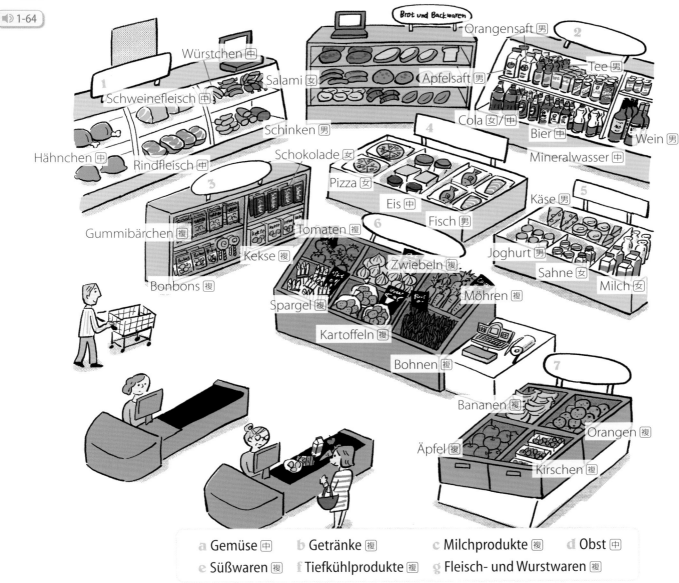

Brot und Backwaren

Würstchen 中
Salami 女
Schweinefleisch 中
Schinken 男
Hähnchen 中
Rindfleisch 中
Schokolade 女
Pizza 女
Eis 中
Fisch 男
Gummibärchen 複
Kekse 複
Tomaten 複
Zwiebeln 複
Bonbons 複
Spargel
Möhren 複
Kartoffeln 複
Bohnen 複
Orangensaft 男
Tee 男
Apfelsaft 男
Cola 女/中
Bier 中
Wein 男
Mineralwasser 中
Käse 男
Joghurt 男
Sahne 女
Milch 女
Bananen 複
Äpfel 複
Orangen 複
Kirschen 複

| a Gemüse 中 | b Getränke 複 | c Milchprodukte 複 | d Obst 中 |
| e Süßwaren 複 | f Tiefkühlprodukte 複 | g Fleisch- und Wurstwaren 複 | |

A2 **Fragen Sie und antworten Sie.** 下線部に写真の単語を入れてから、会話の練習をしましょう。

◀) 1-65

例 ● Entschuldigung, wo finde ich <u>Käse</u>?

▲ <u>Käse</u>? <u>Käse</u> finden Sie <u>bei den Milchprodukten</u>.

beim = bei + dem 男 中

bei der 女   bei den 複

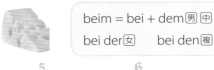

1   2   3   4   5   6

....

A3 **Fragen Sie und antworten Sie.** **A1** の単語を使って隣の人に質問し、答えましょう。

1 Welches Gemüse isst du gern?   2 Welches Obst isst du gern?

3 Was kaufst du oft im Supermarkt?   4 Was kaufst du gern im Convenience Store?

B1 **1 Bilden Sie zusammengesetzte Wörter.** 左と右の語を合わせて複合語を作りましょう。

例 **die** Tomaten + **der** Salat = **der** Tom**a**tensalat

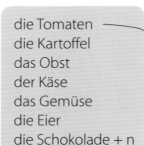

die Tomaten
die Kartoffel
das Obst
der Käse
das Gemüse
die Eier
die Schokolade + n

die Suppe
der Kuchen
das Brötchen
der Salat
das Eis

・複合語のアクセントは最初の語に置かれます
・複合語の性は最後の語の性になります

2 Was isst du gern? Fragen Sie und notieren Sie. 隣の人に好きな食べ物をduで尋ねて書きましょう。

Er/Sie isst gern _____ .

3 Was essen Sie und Ihre Partnerin / Ihr Partner gern? Schreiben Sie. 隣の人と共通して好きなもの を書きましょう。

Wir essen gern _____ .

B2 **Was bringt er/sie mit? Sprechen Sie.** Sieの命令形を使ってパーティーに誘い、写真のものを合わせた複合語を使 って持っていくものを言いましょう。

🔊 1-66

例 ● <u>Frau Schmidt</u>, **kommen Sie** bitte zu unserer Party!
　 ▲ Gerne. Ich bringe Ihnen <u>einen Obstkuchen</u> mit.

命令形
(Sie)動詞の語幹 + en Sie!
Komm**en** Sie !

1　Frau Becker　　2　Herr Lange　　3　Herr und Frau Müller

B3 **Ergänzen Sie den Imperativ.** 選択肢の中から動詞を選び、Sieの命令形にしましょう。

Frau Stahl, ...
1　..., **kommen Sie** bitte herein!
2　..., ... bitte Platz!
3　..., ... doch noch ein Stück Kuchen!
4　..., ... doch noch eine Tasse Kaffee!
5　..., ... bitte von Ihrem Urlaub in der Türkei!
6　..., ... bitte gut nach Hause!

erzählen　essen　kommen　~~kommen~~　nehmen　trinken

*herein|kommen 中に入る　Platz nehmen 座る　erzählen 話す　gut nach Hause kommen 気を付けて帰る

C1 **Was sagt er/sie? Bilden Sie Imperativsätze.** 絵の人に何と呼びかけますか。動詞を選択肢の中から選び、命令文にしましょう。

1 Ich gehe jetzt. Tschüs.

a **Kauf** bitte Wasser!

b .... bitte Brötchen fürs Frühstück!

c .... bitte Frau Meyer von mir!

2 Wo ist die Mensa?

d .... geradeaus!

e L.......... immer weiter!

f .... vor der Aula nach rechts ab!

Hol   Geht   Grüß   ~~Kauf~~   Biegt   Lauft

*grüßen よろしく言う Aula 囡 大学の講堂 ab|biegen 曲がる

命令形
(du) 動詞の語幹! 例 Geh! Kauf! Bieg ...ab!
(ihr) 動詞の語幹＋t! 例 Geht! Kauft! Biegt ...ab!

C2 **Was sagt die Mutter zu ihren beiden Söhnen? Benutzen Sie den Imperativ.** 母親が2人の息子に何と言っていますか。命令形で言いましょう。

分離動詞ihrの命令形
auf|stehen
(ihr) Steht ... auf!

1 auf|stehen   → Steht auf!
2 die Hausaufgaben fertig machen →
3 das Zimmer auf|räumen   →
4 auf euren Hamster auf|passen   →
5 nicht viel fern|sehen   →

*fertig machen 終わらせる

C3 **Sprechen Sie mit Ihrer Partnerin / Ihrem Partner.** Wolfgang, Beate, Boris, Lisa, Jan に命令形を使ってアドバイスしましょう。

Wolfgang	Beate	Boris	Lisa	Jan
Kopfschmerzen haben	ein Referat schreiben müssen		nicht schlafen können	
eine Tablette nehmen		viel Englisch hören		mein Brötchen essen

1-67

例 ● Was ist denn los mit dir, Wolfgang? Hast du ein Problem?
    ▲ Ja, ich habe Kopfschmerzen.
    ● Dann nimm doch eine Tablette!

→ S.99

不規則動詞と sein の命令形
nehmen: (du) Nimm!   lesen: (du) Lies!
essen: (du) Iss!   sein: (du) Sei!

D1 **Ordnen Sie zu.** 1-6の絵と写真に合う説明文 a-fを選び、ドイツ名物Currywurst「カレーソーセージ」のレシピを説明しましょう。

> **Zutaten** 材料：4-6 Bratwürste（焼きソーセージ）、100 ml Ketchup（ケチャップ）、30 ml Wasser（水）、
> 1 Esslöffel Currypulver（カレー粉大さじ１）、2 Esslöffel Öl zum Braten（炒め油大さじ2）

1 (　　) 2 (　　) 3 (　　)

4 (　　) 5 (　　) 6 (b)

a die Bratwürste auf einen Teller geben   ~~**b** die Bratwürste mit Currypulver bestreuen~~
c die Currysoße über die Bratwürste geben   **d** langsam den Topf erhitzen
e den Ketchup, das Wasser und das Currypulver in einen Topf geben
f die Bratwürste in heißem Öl braten

*Bratwürste 複 < Bratwurst 女 焼きソーセージ　ml = Milliliter ミリリットル　Teller 男 皿　Currypulver 田 カレー粉
bestreuen 散らす　Topf 男 鍋　erhitzen 熱する　in heißem Öl 田 熱い油で　braten 焼く

  D2 **Schreiben Sie die Sätze im Imperativ.** D1 の絵 1-6 をduの命令形にしましょう。

1 .... den Ketchup, das Wasser und das Currypulver in einen Topf!
2 __Erhitz__ den Topf langsam!
3 .... die Bratwürste in heißem Öl!
4 .... die Bratwürste auf einen Teller!
5 .... die Currysoße über die Bratwürste!
6 .... sie mit Currypulver!

> 不規則動詞の命令形
> braten : (du) Brate!
> geben : (du) Gib!

E1 **Welche Sätze sind freundlicher? Nummerieren Sie.** 丁寧な言い方の順に番号①~③を入れましょう。①が一番丁寧な表現です。

1 .... Helfen Sie mir bitte!   ① Könnten Sie mir bitte helfen?   .... Helfen Sie mir!

2 .... Kommen Sie!   .... Kommen Sie bitte!   .... Würden Sie bitte kommen?

3 .... Könnten Sie bitte weiter gehen?   .... Gehen Sie weiter!

.... Gehen Sie bitte weiter!

接続法第Ⅱ式：丁寧な言い方
Könnten / Würden Sie ... 不定形？   ～してくださいませんか。

E2 **Ordnen Sie zu. Was sagen die Personen?** 1-4 に続く文を a-d の中から選び、（   ）に入れましょう。

1 Ich möchte morgen früh in meinem
Hotelzimmer essen.   (   )

2 Entschuldigen Sie, wo sind wir jetzt?
(   )

3 Ich habe Sie nicht verstanden.
(   )

4 Wir wollen typisch deutsches Essen probieren.
(   )

a Könnten Sie das bitte noch einmal sagen?   b Würden Sie uns bitte den Weg zum
Bahnhof zeigen?   c Könnten Sie das Frühstück auf mein Zimmer bringen?
d Könnten Sie uns bitte ein Restaurant empfehlen?

*verstanden < verstehen 理解する   probieren 試す   empfehlen 勧める

E3 **Hören Sie und ordnen Sie zu.** 会話を聞き、それぞれの人物が準備しているものを a-c の中から選び、（   ）に入れましょう。

🔊 1-68
🔊 1-69
🔊 1-70

a Kaffeetrinken   b Pausenbrot（休憩時間に食べる軽食）   c Frühstück

1 Helena (   )   2 Tobias (   )   3 Lisa (   )

*der Tisch ist gedeckt テーブルが整えられている

Machen Sie Dialoge. Kellner と Gast になり、会話を完成させましょう。

🔊 1-71

例 Kellner : Bitte schön.

Gast : Ich hätte gern <u>ein Würstchen</u>.

Kellner : Gerne. Möchten Sie dazu noch <u>Salat oder Pommes</u>?

Gast : <u>Einen Salat</u>, bitte. Könnten Sie mir <u>einen Kartoffelsalat</u> bringen? Das wäre schön.

Kellner : Aber sicher.

1　Steak 中 / Suppe oder Salat / eine Suppe, eine Gemüsesuppe

2　Schnitzel 中 / Salat oder Kartoffeln / Kartoffeln, Bratkartoffeln

3　Fisch 男 / Reis oder Salat/ einen Salat, einen Spargelsalat

*Bratkartoffeln 複 炒めたジャガイモ

  Sie möchten einen Tisch im Restaurant „Tanne" reservieren. Ordnen Sie das Gespräch. レストランTanne に電話をして予約する場面です。会話の順に番号を入れましょう。

🔊 1-72

......1...... Kellnerin : Restaurant Tanne, guten Tag.

.... Gast : Wir würden ▲<u>um 19 Uhr</u> kommen. Wir möchten gerne ■<u>draußen</u> sitzen.

.... Kellnerin : Ja, gern. Um wie viel Uhr möchten Sie kommen?

.... Gast : Guten Tag, mein Name ist Steinbach. Ich möchte für morgen Abend einen Tisch für ●<u>zwei Personen</u> reservieren.

.... Gast : Gut. Dann nehmen wir den Tisch ◆<u>drinnen</u>.

.... Kellnerin : Tut mir Leid. Die Tische ■<u>draußen</u> sind alle schon reserviert.

.... Kellnerin : Sehr gerne. Dann bis morgen Abend, Herr Steinbach. Ich danke Ihnen für die Reservierung.

Schreiben Sie ähnliche Dialoge wie in F2. F2 を参考にレストランを予約する会話を書きましょう。●、▲、■、◆ はあらかじめ決めておきましょう。

● drei / vier / fünf / sechs Personen

▲ um 18 / 18.30 / 19 / 19.30 / 20 Uhr

■ drinnen / draußen / draußen im Garten / auf der Terrasse / drinnen am Fenster / drinnen in der Ecke

◆ drinnen / draußen / draußen im Garten / auf der Terrasse / drinnen am Fenster / drinnen in der Ecke

....

....

....

....

....

G **Essen in Deutschland: Ordnen Sie zu. Welcher Essenstyp sind sie?** 1-4 の人の食事のスタイルを a-d から選びましょう。

🔊 1-73

1 .... Ich achte auf meine Gesundheit. Ich esse wenig Fleisch. Ich trinke viel Wasser. Joghurt esse ich jeden Tag. Ich esse möglichst wenig fettig und salzig.

2 .... Seit 10 Jahren bin ich Fußballspieler. Ich esse viel. Zu Mittag esse ich zwei Steaks und trinke 1 Liter Multivitaminsaft. Zwischendurch esse ich Bananen und Käse. Am Abend esse ich 3 Würstchen und Kartoffeln.

3 .... Ich esse viel Salat und Gemüsegerichte. Fisch und Fleisch esse ich nicht. Ich koche oft Pasta und Gemüsesuppe. Manchmal esse ich Tofu.

4 .... Sonntags esse ich bei meinen Großeltern. Meine Oma kocht sehr gut. Letzten Sonntag haben wir eine Kartoffelsuppe, ein Schnitzel und Gemüse gegessen. Als Nachtisch hatten wir Schokoladenpudding mit Vanillesauce.

*achten auf ... ～に気を付ける　Gesundheit 囡 健康　möglichst 可能な限り　fettig 脂っこい　salzig 塩分の多い
Multivitaminsaft 男 マルチビタミン飲料　Gemüsegerichte 複 < Gemüsegericht 中 野菜料理　Pasta 囡 パスタ　Tofu
男 豆腐　Nachtisch 男 デザート　Vanillesauce 囡 バニラソース　vegetarisch ベジタリアンの　kalorienreich カロリーの
高い

> a vegetarisches Essen　　b kalorienreiches Essen
> c traditionelles Essen　　d gesundes Essen

Phonetik　文末イントネーション

🔊 1-74 **1** 平叙文や補足疑問文、命令文の文末は下がり、決定疑問文では上がります。文の途中の区切りでは少し上げます。

平叙文　　　Sie kommen um 7 Uhr. ↘　　　　補足疑問文　　Woher kommen Sie? ↘
命令文　　　Kommen Sie um 7 Uhr! ↘
決定疑問文　Kommen Sie um 7 Uhr? ↗　　　　文の途中　　　Sie kommen um 7 Uhr, → und...

🔊 1-75 **2** **Hören Sie und markieren Sie.** どちらが聞こえましたか。チェックを入れましょう。

1 **a** Gehen wir in die Mensa? ☐　　　**b** Gehen wir in die Mensa! ☐
2 **a** Helfen Sie mir? ☐　　　　　　　**b** Helfen Sie mir! ☐
3 **a** Machen Sie die Tür zu? ☐　　　　**b** Machen Sie die Tür zu! ☐
4 **a** Gehen wir schwimmen? ☐　　　　**b** Gehen wir schwimmen! ☐

1 命令形 (Imperativ)

命令もしくは助言をするときに用いられます。相手との関係 (du・ihr・Sie) により3つの形があります。語幹が -d, -t, -eln, -ern などで終わる動詞は、du の命令形で語尾 -e をつけます。i/ie 型の不規則動詞では、du に対する命令形の幹母音を i/ie にします。分離動詞は分離させ、前つづりを文末に置きます。なお、sein の命令形は例外として覚えましょう。

不定形		gehen	warten	essen	lesen	sein	mit|bringen
(du)	動詞の語幹!	Geh!	Warte!	Iss!	Lies!	**Sei!**	Bring ... mit!
(ihr)	動詞の語幹 + t!	Geht!	Wartet!	Esst!	Lest!	**Seid!**	Bringt ... mit!
(Sie)	動詞の語幹 + en Sie!	Gehen Sie!	Warten Sie!	Essen Sie!	Lesen Sie!	**Seien** Sie!	Bringen Sie ... mit!

2 接続法第Ⅱ式 (Konjunktiv Ⅱ)

① 規則動詞は過去基本形と同形です。

② 不規則動詞の過去基本形が -e で終わっていなければ -e を加えます。幹母音に a, o, u, au が含まれる場合は、ä, ö, ü, äu に変音させます。

    sein: war（過去基本形）→ w**ä**re（接続法第Ⅱ式基本形: -e を加え、a を変音させる。）

丁寧に依頼する場合の接続法第Ⅱ式（「外交的接続法」）では、könnte, würde, hätte, möchte, wäre がよく用いられます。

    Ich <u>hätte</u> gern zwei Brötchen.   （店で）パンを2個ください。

    <u>Könnten</u> / <u>Würden</u> Sie bitte das Fenster aufmachen?   窓を開けていただけませんか。

    Das <u>wäre</u> das Beste.   それが一番良いでしょう。

不定形		können	werden	haben	sein
第Ⅱ式基本形		könnte	würde	hätte	wäre
ich	-	könnte	würde	hätte	wäre
du	-st	könnte**st**	würde**st**	hätte**st**	wäre**st**
er /sie / es	-	könnte	würde	hätte	wäre
wir	-n	könnte**n**	würde**n**	hätte**n**	wäre**n**
ihr	-t	könnte**t**	würde**t**	hätte**t**	wäre**t**
sie / Sie	-n	könnte**n**	würde**n**	hätte**n**	wäre**n**

3 複合語の作り方 (zusammengesetzte Wörter)

    die Tomaten + **der** Salat = **der** Tom**a**tensalat

  複合語のアクセントは最初の語に: Tom**a**tensalat

  複合語の性は最後の語の性に: **der** Tom**a**tensalat

Wortschatz **und** *Ausdrücke*

Kommen Sie bitte herein!	中にお入りください。
Kauf bitte Wasser!	水を買ってきて。
Geht geradeaus!	まっすぐ行きなさい。
Könnten Sie mir bitte helfen?	手伝っていただけませんか。

Ich lerne Fremdsprachen, weil ich eine Weltreise machen möchte.

  A1 **Ordnen Sie zu.** 絵に合う表現を探して書きましょう。

im Ausland leben   ein Buch schreiben   ~~Chef(in) werden~~   eine große Familie haben viele Fremdsprachen lernen   viel Geld verdienen   in einem großen Haus wohnen Hausmann/Hausfrau werden   ~~heiraten~~   auf einer Insel leben   Politiker(in) werden eine Weltreise machen

1
Chef werden

2

3

4
heiraten

5

6

7

8

9

10

11

12

 2-01 **A2** **Was möchten die Personen später machen?** それぞれの人物が将来したいことを、右の理由とつなげましょう。

1 Klara möchte Chefin werden,

2 Petra möchte heiraten,

3 Martin möchte Hausmann werden,

4 Vera möchte Fremdsprachen lernen,

5 Paul möchte viel Geld verdienen,

a weil er viel Zeit mit seinen Kindern verbringen möchte.

b weil sie eine Weltreise machen möchte.

c weil er ein großes Haus haben möchte.

d weil sie viel Geld verdienen möchte.

e weil sie eine große Familie haben möchte.

weil ～なので

B1 **Wohin möchten Sie in den Ferien reisen? Warum?** 長期休暇はどこへ行きたいですか？ 理由も聞いてみましょう。

2-02

例　nach Italien — Es gibt dort viele Sehenswürdigkeiten.

● Wohin möchtest du in den Ferien reisen?

▲ Ich möchte <u>nach Italien</u> fahren.

● Warum?

▲ Weil <u>es dort viele Sehenswürdigkeiten gibt</u>.

1　nach Spanien
— Man kann dort gut essen.

2　nach Norwegen
— Ich möchte die Polarlichter sehen.

*Polarlichter 複 <Polarlicht 中 オーロラ

3　in die Schweiz
— Ich möchte in den Bergen wandern.

4　nach Australien
— Man kann im Meer tauchen.

*tauchen ダイビングする

> Ich möchte nach Kyoto fahren. Ich möchte viele Tempel sehen.
> Ich möchte nach Kyoto fahren, **weil** ich viele Tempel sehen möchte.

B2 **Was machen die Personen in den Ferien? Sprechen Sie mit Ihrer Partnerin / Ihrem Partner.**
それぞれの人物は休暇中に何をするか尋ねましょう。

2-03

例　● Was <u>macht</u> <u>Enrico</u> in den Ferien / im Urlaub?　▲ <u>Er</u> <u>fährt nach Deutschland</u>.
● Warum?　　　　　　　　　　　　　　　　　　▲ Weil <u>er</u> <u>Deutsch lernen möchte</u>.

Name	Was?	Warum?
Enrico	nach Deutschland fahren	Er möchte Deutsch lernen.
Herr Heinemann	ans Meer fahren	Er möchte in der Sonne liegen.
Tanja		
Familie Steinbach	in den Schwarzwald fahren	Sie möchte campen.
Herr und Frau Seidel		
ich		
meine Partnerin / mein Partner		

*Ferien 複 （学生の）長期休暇　Urlaub 男 （勤め人の）休暇

 → S.99

C1 **Ergänzen Sie.** 例にならい、絵を見て、文の後半を補いましょう。

2-04 Herr Tanaka arbeitet, **obwohl** er krank <u>ist</u>.

obwohl ～にもかかわらず

~~er hat nicht fleißig gelernt~~   es ist schon spät am Abend   es regnet

er hat den Führerschein   er möchte Computerspiele spielen

例 Martin hat die Prüfung bestanden, obwohl <u>er nicht fleißig gelernt hat</u>.

1   Peter und Stefan spielen Tennis,
     obwohl ....

2   Lukas muss Hausaufgaben machen,
     obwohl ....

3   Herr Meyer hat kein Auto,
     obwohl ....

4   Marie arbeitet noch,
     obwohl ....

C2 **Machen Sie Sätze mit „weil" oder "obwohl".** „weil" か „obwohl" を使って、自由に文を作りましょう。

1   Julia mag Boris nicht, weil / obwohl ....

2   Lisa möchte in Japan wohnen, weil / obwohl ....

3   Markus hat keine Freundin, weil / obwohl ....

例 （理由の例）

Er / Sie hat viel / kein Geld.   Er / Sie hat (k)ein Auto.   Er / Sie ist cool.   Er / Sie ist faul.

Er / Sie isst sehr gern / nicht gern japanisch.   Er / Sie liest gern Mangas.

Er / Sie kann sehr gut / gar kein Japanisch sprechen.

Er / Sie kann sehr gut / gar nicht Fußball spielen.

*cool カッコいい

D1 **Ergänzen Sie die Konjunktionen und markieren Sie dann die Verben und die Modalverben.**
空欄に選択肢の中から接続詞を入れ、動詞・助動詞に下線を引きましょう。

> **dass** ～ということ　**ob** ～かどうか　**weil** ～なので　**wenn** もし～なら

● Ist Peter heute nicht auf der Party?

▲ Nein. Er hat gesagt, ... er nicht kommen kann.

● Warum?

▲ .... er für einen Test lernen muss. Der Test soll sehr wichtig sein.

● Hat er Zeit, am nächsten Samstag zu meiner Geburtstagsfeier zu kommen?

▲ Ich weiß nicht, ... er kommen kann. Aber vielleicht hat er Zeit,

.... der Test vorbei ist.

*Geburtstagsfeier 囡 誕生日パーティー　vorbei 過ぎ去って、終わって

Wo stehen die Verben in den Sätzen mit „dass", „weil", „ob" und „wenn"? 接続詞 „dass",
„weil", „ob", „wenn" で始まる文では、動詞・助動詞はどこにあるでしょう？

例　Daniel kann (nicht) zur Party kommen. ダニエルはパーティーに来ることができます（できません）。

→ Weißt du, **ob** Daniel zur Party kommen kann?　ダニエルがパーティーに来ることが
できるか、知っていますか？

→ Daniel hat gesagt, **dass** er nicht zur Party kommen kann. ダニエルは、パーティーに来ること
ができない、と言っていました。

✎ **D2** **Was haben die Personen gesagt? Formulieren Sie die Sätze um.** それぞれの人物が言ったことを、例に
ならって他の人に伝えましょう。

例　Anna : „Ich gehe heute ins Kino."

> Anna sagt, dass sie <u>heute ins Kino geht</u>.

1　David : „Ich spiele am Samstag Fußball."

> David sagt, dass er ....

2　Julia : „Warum kommst du nicht zur Party?"

> Julia fragt, warum ich ....

3　Meine Mutter : „Wann kommst du zurück?"

> Meine Mutter fragt, wann ich ....

4　Der Lehrer : „Ihr müsst für den Test viel lernen."

> Der Lehrer sagt, dass wir ....

E1 Ergänzen Sie die Konjunktionen. Ordnen Sie dann die Sätze den Bildern zu. 選択肢の中から適当
な接続詞を補い、絵と合わせましょう。

dass　ob　obwohl　weil　wenn

1　Herr Schäfer arbeitet, (　　　　) er Fieber hat. ....a............

2　Hast du schon gehört, (　　　　) Antonio Katrin heiratet? ....

3　Sofia konnte das Konzert nicht hören, (　　　　) der Zug Verspätung hatte. ....

4　(　　　　) ich morgen Zeit habe, helfe ich dir bei den Hausaufgaben. ....

5　Ich weiß nicht, (　　　　) Paul heute Abend mit uns ins Kino gehen kann. ....

*Verspätung 女 遅延

a　　　　　　　　　b　　　　　　　　　c

d　　　　　　　　　e

Wo steht das Verb im Nebensatz? 副文の中の動詞は、どこにあるでしょう？

Wir **grillen** morgen im Garten, wenn das Wetter schön **ist**.

主文 (Hauptsatz)　　　　　　　副文 (Nebensatz)

Wenn das Wetter schön **ist**, **grillen** wir morgen im Garten.

副文 (Nebensatz)　　　　　　　主文 (Hauptsatz)

E2 **Was machen Sie am Wochenende, wenn das Wetter schön/schlecht ist? Sprechen Sie.** 週末は
何をしますか？晴れたら何をし、雨が降ったらどうするか話しましょう。

◀ 2-05

例　● Was machst du am Wochenende, wenn das Wetter schön / schlecht **ist**?

▲ Wenn das Wetter schön **ist**, gehe ich spazieren.

/ Wenn das Wetter schlecht **ist**, sehe ich fern.

Wenn das Wetter schön ist, ... ☀	Wenn das Wetter schlecht ist, ... ☂
~~spazieren gehen~~	ins Museum gehen
Rad fahren	zu Hause bleiben
einen Ausflug machen	einen Krimi lesen
im Schwimmbad schwimmen	~~fern|sehen~~

F1 **Was wollten Sie als Kind werden? Sprechen Sie.** 子供の頃何になりたかったか、話しましょう。

2-06

例 Fußballspieler(in) — Ich habe sehr gern Fußball gespielt.

● Was wolltest du werden, **als** du klein warst?

▲ **Als** ich klein war, wollte ich <u>Fußballspieler</u> werden.

● Warum?

▲ **Weil** <u>ich sehr gern Fußball gespielt habe</u>.

als ～（した・だった）とき

1 Sänger(in) — Ich konnte sehr gut singen.
2 Schauspieler(in) — Schauspieler haben viele Fans.
3 Arzt (Ärztin) — Man kann den Menschen helfen.
4 Astronaut(in) — Ich wollte die Erde von oben sehen.

*Fans 複 < Fan 男 ファン　Astronaut 男 宇宙飛行士　Erde 女 地球　von oben 上から

  F2 **Ein Ehepaar macht Urlaub in Wien. Hören Sie den Dialog und beantworten Sie die Fragen.**
ある夫婦が休暇をウィーンで過ごしています。音声を聞き、答えましょう。

2-07

1 **Warum kann das Ehepaar in Wien nichts unternehmen?** どうして夫婦はウィーンで何もできないのですか？　1つ選びましょう。

a Weil der Mann krank ist.
b Weil es regnet.
c Weil sie kein Geld haben.

*unternehmen する

2 **Was hat der Mann seiner Frau vorgeschlagen?** 夫は妻にどうするように提案しましたか？　正しいものすべてにチェックを入れましょう。

□ Musik hören　　□ fernsehen　　□ ins Konzert gehen　　□ ein Buch lesen
□ ins Museum gehen　　□ spazieren gehen　　□ in ein Kaffeehaus gehen
□ Postkarten schreiben　　□ Zeitungen lesen

*vorgeschlagen < vor|schlagen 提案する　Kaffeehaus 中 カフェ（オーストリア）

3 **Was macht das Ehepaar?** この夫婦は結局何をしますか？　1つ選びましょう。

a Sie gehen ins Museum.
b Sie bleiben im Hotel.
c Sie gehen ins Kaffeehaus.

*erleben 経験（体験）する

G1 **Ordnen Sie den Dialog. Hören Sie die Lösung.** 以下のセリフを正しい順序にし、その後、音声を聞いて確認
2-08 しましょう。

(**1**) Jana, gehst du heute Abend mit mir ins Theater? Ich habe zwei Karten.

( ) Schade. Dann frage ich Anna, ob sie Zeit hat.

( ) Leider habe ich keine Zeit. Ich muss die Wohnung aufräumen, weil wir morgen Besuch
bekommen.

( ) Sie freut sich sicher, weil sie gern ins Theater geht.

(**5**) Was machst du eigentlich am Wochenende?

( ) Wollen wir am Samsatagabend zum Feuerwerk gehen?

(**10**) Können wir vor dem Feuerwerk etwas essen?

( ) Ich habe nichts vor. Warum?

( ) Ach komm! Am Samstag soll das Wetter schön sein.

( ) Gute Idee! Aber wenn es regnet?

( ) Gut, dann sehen wir uns um sechs und gehen zuerst essen. Das Feuerwerk fängt erst
um sieben an.

　　※schade 残念な　Besuch 男 訪問客　sicher きっと　eigentlich いったい　Feuerwerk 中 花火　vor|haben 計画する

G2 **Lesen Sie den Dialog noch einmal und beantworten Sie die Fragen.** **G1** の会話をもう一度読んで、
以下の質問に答えましょう。

1　Warum hat Jana heute Abend keine Zeit?

2　Warum wird sich Anna sicher freuen?

3　Was machen die beiden am Samstagabend, wenn das Wetter schön ist?　※die beiden 二人は

Phonetik　　末尾音硬化（Auslautverhärtung）

2-09　子音b [b], d [d], g [g], s [z], v [v]は、語末・音節末で無声化し、[p], [t], [k], [s], [f]と発音します。

文字	音		
b	[p] – [b]	hal**b** 半分の – hal**b**e 半分の	gel**b** 黄色の – gel**b**e 黄色の
d	[t] – [d]	Lan**d** 国 – Län**d**er 国々 複	Han**d** 手 – Hän**d**e 手 複
g	[k] – [g]	Ta**g** 日 – Ta**g**e 日々 複	We**g** 道 – We**g**e 道 複
s	[s] – [z]	Hau**s** 家 – Häu**s**er 家々 複	Rei**s** 米 – Rei**s**e 旅行
v	[f] – [v]	akti**v** 活動的な – akti**v**e 活動的な	Moti**v** 動機 – Moti**v**e 動機 複

1 従属の接続詞と副文 (Subordinierende Konjunktionen und Nebensätze)

従属の接続詞

> als 〜したとき　dass 〜ということ　ob 〜かどうか　obwohl 〜にもかかわらず
> weil 〜なので　wenn もし〜ならば

従属の接続詞に導かれる文を「副文 (Nebensatz)」といい、動詞は文末に置かれます。

• 主文 (Hauptsatz) → 副文 (Nebensatz)

Ich lerne Deutsch, | weil | ich in Deutschland studieren **möchte**.　私はドイツに留学したいのでドイツ語を学んでいます。

　　主文 (Hauptsatz)　　　　　　　副文 (Nebensatz)

Wir grillen morgen im Garten, | wenn | das Wetter schön **ist**.　天気が良ければ、私たちは明日庭でバーベキューをします。

　　主文 (Hauptsatz)　　　　　　　副文 (Nebensatz)

• 副文 (Nebensatz) → 主文 (Hauptsatz)　　　　　　※副文が前に置かれる場合、主文は動詞から始まります。

| Wenn | das Wetter schön **ist**, **grillen** wir morgen im Garten.

　　副文 (Nebensatz)　　　　　　　主文 (Hauptsatz)

2 従属の接続詞のように使われる疑問詞：間接疑問文 (Indirekte Fragesätze)

„Warum **kommt** Daniel nicht zur Party?"　　　　どうしてダニエルはパーティーに来ないの？

→ Ich weiß nicht, | warum | Daniel nicht zur Party **kommt**.　私は、どうしてダニエルがパーティーに来ないのか知りません。

„Wann **kommst** du nach Hause **zurück**?"　　　今日は何時に家に帰ってくるの？

→ Meine Mutter fragt, | wann | ich heute nach Hause **zurückkomme**.

　　　　　　　　　　　　　　　　母は、私が今日何時に家に帰ってくるか尋ねています。

Wortschatz **und** *Ausdrücke*

Warum kommt Peter nicht zur Party?　— Weil er für einen Test lernen muss.
　どうしてペーターはパーティーに来ないの？　　彼はテスト勉強をしなくてはならないからです。

Herr Tanaka arbeitet, obwohl er Fieber hat.　　熱があるにもかかわらず、田中さんは働いています。

Weißt du, ob Stefanie heute zur Uni kommt?　　シュテファニーが今日大学に来るかどうか、君は知っていますか。

Als ich klein war, wollte ich Astronautin werden.　幼い頃、私は宇宙飛行士になりたかったです。

Ich schenke ihr einen roten Rock.

  A1 **Was passt? Ordnen Sie zu.** 次の言葉はどの行事のものですか？

2-10

> a Herzlichen Glückwunsch zum Geburtstag!　b Frohe Weihnachten!
> c Frohes neues Jahr!　d Ein glückliches neues Jahr!
> e Frohe Ostern!　f Alles Gute zum Geburtstag!　g Guten Rutsch ins neue Jahr!

1 (　　　　)　　2 (　　　　)　　3 (　　　　)　　4 (　　　　)

  A2 **Sprechen Sie.** 誕生月を言いましょう。

例　● In welchem Monat hast du Geburtstag?
　　▲ Im Mai.

2-11

im ＋ 月　～月に

2-12

> Januar　Februar　März　April　Mai　Juni　Juli　August
> September　Oktober　November　Dezember

  A3 **Sprechen Sie.** 序数を練習しましょう。

2-13

1	**erste**	7.	**siebte**	13.	dreizehnte	20.	zwanzigste
2.	zweite	8.	**achte**	14.	vierzehnte	21.	einundzwanzigste
3.	**dritte**	9.	neunte		⋮		⋮
4.	vierte	10.	zehnte				
5.	fünfte	11.	elfte	18.	achtzehnte	30.	dreißigste
6.	sechste	12.	zwölfte	19.	neunzehnte	31.	einunddreißigste

  A4 **Welcher Tag ist heute? Fragen Sie und antworten Sie.** 今日は何月何日ですか。聞いて答えましょう。

例　10月2日 Welcher Tag ist heute?
　　　　　— Heute ist der zweite Oktober.

2-14

der ＋ -e ～日（日付は男性名詞）

1　5月12日　　　2　11月3日　　　3　1月20日　　　4　7月11日

  A5 **Welcher Tag ist Ihr Geburtstag? Fragen Sie und antworten Sie.** 誕生日はいつですか。聞いて答えましょう。

2-15

例　5月1日
　　　● Welcher Tag ist Ihr Geburtstag?
　　　▲ Mein Geburtstag ist der **erste** Mai.

B1 **Welcher Tag ... ? Fragen Sie und antworten Sie.** 次の記念日や行事はいつですか。話しましょう。

🔊 2-16

例 der Tag der deutschen Einheit ドイツ統一記念日 10月3日

● Welcher Tag ist <u>der Tag der deutschen Einheit</u>?

▲ <u>Der dritte Oktober.</u>

1 der Nationalfeiertag in Österreich?
オーストリアの建国記念日 10月26日

2 der Bundesfeiertag in der Schweiz
スイスの建国記念日 8月1日

3 Heiligabend
クリスマス・イブ 12月24日

4 Nikolaustag
ニコラウスの日 12月6日

 B2 **Fragen Sie und antworten Sie.** 次の人たちの生年月日を聞いて答えましょう。

🔊 2-17

例 Herr Makino
1990年8月1日

● Wann ist <u>Herr Makino</u> geboren?

▲ Er ist am **ersten** August 1990 geboren.

> am **ersten** August 8月1日に

1 Yayoi
2001年6月10日

2 Frau Schwarz
1970年 3月25日

> 数： 1999 (ein)tausendneunhundertneunundneunzig
> 西暦： 1999 neunzehnhundertneunundneunzig
> 数・西暦：2024 zweitausendvierundzwanzig

 B3 **Wann sind Sie geboren? Fragen Sie und antworten Sie.** あなたはいつ生まれましたか。クラスメートに聞いて答えを書きましょう。生年月日は自由に決めてかまいません。

🔊 2-18

例 Kota 2004年12月30日

> am dreißig**sten** zwölf**ten**
> 12月30日に

● Wann bist du geboren?

▲ Ich bin am <u>dreißig**sten** zwölf**ten** zweitausendvier</u> geboren.

Name	Kota			
Geburtsdatum	30. 12. 2004			

C1 **Wie heißen die Farben auf Deutsch? Schreiben Sie.** 色を書きましょう。

.... weiß .... gelb .... rosa beige

  C2 **Welches Hemd gefällt dir? Sprechen Sie.** 何が気に入ったか話しましょう。

例 Hemd 中
● <u>Welches Hemd</u> gefällt dir?
▲ <u>Das weiße Hemd</u> gefällt mir.

 Socken 複
● <u>Welche Socken</u> gefallen dir?
▲ <u>Die roten Socken</u> gefallen mir.

1    2    3   4

Rock 男   Bluse 女   Kleid 中   Schuhe 複

	男性名詞	女性名詞	中性名詞	複数形
1格	der schwarze Pullover	die graue Hose	das gelbe T-Shirt	die braunen Socken

※ rosa（ピンク色の）や lila（ふじ色の）などは語尾変化しません。

  C3 **Was schenken die Personen Marion zum 15. Geburtstag? Sprechen Sie.** Marion が15歳の誕生日を迎えます。両親や兄、祖父母がどんなプレゼントを贈るか話しています。プレゼントを選んで話しましょう。

70€   60€   85€   90€   60€   99€

73€   62€   200€   99€   69€   30€

*Ohrringe 複 < Ohrring 男 イヤリング　Schal 男 スカーフ　Pullover 男 セーター

 Ich schenke ihr <u>den grauen</u> <u>Mantel</u> und <u>den rosa Pullover</u>.

ihr Vater

ihr Mutter

ihr Großvater   ihr Großmutter   ihr Bruder

	男性名詞	女性名詞	中性名詞	複数形
4格	den schwarzen Pullover	die graue Hose	das gelbe T-Shirt	die braunen Socken

D1 **Beschreiben Sie das Bild.** 表を参考に絵を説明しましょう。

Zum Geburtstag habe ich ein schönes Bild geschenkt bekommen. Mitten im Bild steht eine jung_____¹ Frau mit einem klein_____² weiß_____³ Hund. Die jung_____⁴ Frau trägt einen rot_____⁵ Mantel und einen braun_____⁶ Hut. Neben der Frau sitzt ein alt_____⁷ Mann unter einem groß_____⁸ Baum. Er trägt eine grau_____⁹ Jacke.

*geschenkt bekommen プレゼントとしてもらう　mitten ～の真ん中に

	男性名詞	女性名詞	中性名詞	複数形
1格	ein schwarz**er** Mantel	eine weiß**e** Hose	ein neu**es** Hemd	meine alt**en** Schuhe
3格	einem schwarz**en** Mantel	einer weiß**en** Hose	einem neu**en** Hemd	meinen alt**en** Schuhen
4格	einen schwarz**en** Mantel	eine weiß**e** Hose	ein neu**es** Hemd	meine alt**en** Schuhe

 D2 **Beschreiben Sie eines der drei Bilder.** 次の絵から一枚を選び、語群を参考にその絵をパートナーに説明しましょう。

> Schuhe 複　Hose 女　Hemd 中
> Kleid 中　Tanzkleid 中 ダンス用衣装
> Flöte 女 フルート　Buch 中
> Tänzerin 女 女性ダンサー　Mädchen 中 少女
> Jungen < Junge 男 少年（男性弱変化名詞）
> spielen tanzen lesen sitzen tragen
> schwarz rot weiß gelb

例 Auf dem Bild sieht man eine Tänzerin / eine Frau / einen Jungen.

Er / Sie trägt
- ein weißes Tanzkleid. Er / Sie spielt / liest / tanzt_____.
- einen_____.
- eine_____.

 D3 **Hören Sie.** Kota と Yuka が自分の家族について話します。二人の家族構成は同じです。それぞれの話にあっている絵を選びましょう。

1

2

3

Kota (　　) Yuka (　　)

E1 **Anton spricht über seine neue Wohnung. Ergänzen Sie.** Antonが新しい住居について話しています。下線
部に形容詞の語尾を入れましょう。必要な場合は下の表も参考にしましょう。

2-24

Gestern bin ich in eine neu.........¹ Wohnung umgezogen. Mir
gefällt meine neue Wohnung. Im Esszimmer habe ich einen
dunkelblau.........² Tisch und vier grün.........³ Stühle. In der Küche
stehen ein weiß.........⁴ Kühlschrank, ein praktisch.........⁵ Herd und
eine mittelgroß.........⁶ Waschmaschine. Im Wohnzimmer habe ich
ein bequem.........⁷ blau.........⁸ Sofa und einen groß.........⁹ Fernseher.
Im Kinderzimmer ist ein rosa Bett. Im Schlafzimmer haben wir
ein braun.........¹⁰ Bett und einen hellblau.........¹¹ Schrank.

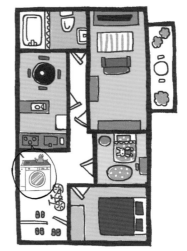

*umgezogen < um|ziehen 引っ越す dunkelblau 紺色の Kühlschrank 男 冷蔵庫
praktisch 使いやすい Herd 男 コンロ mittelgroß 中くらいの大きさの
bequem 快適な hellblau 水色の

	男性名詞	女性名詞	中性名詞	複数形
1格	kalt**er** Tee	warm**e** Suppe	heiß**es** Wasser	frisch**e** Äpfel
4格	kalt**en** Tee			

E2 **Ordnen Sie zu.** Antonが引っ越しパーティをします。二人の友人がAntonへの引っ越し祝いのプレゼントについて話
しています。正しく並べ替えて完成させましょう。

2-25

......**1**...... Du, Heidi, was willst du Anton schenken? Hast du schon eine Idee?

.... Das klingt gut. Das ist ein nützliches Geschenk für den Alltag. Und was soll ich ihm
schenken? Ich habe gar keine Ahnung. Ich hatte zuerst vor, ihm eine Vase zu
schenken, aber ich war nicht sicher, ob er sich darüber freut. Was interessiert ihn
außer Fußball?

.... Du hast recht. Jetzt gehen wir zusammen einkaufen, oder?

......**3**...... Er und seine Frau Renate trinken gern grünen Tee. Seine Tochter Louise trinkt gern
heiße Schokolade. Was meinst du, wenn ich ihnen große Tassen schenke?

.... Ich habe aber von ihm gehört, dass er schon für das Wohnzimmer ein schönes Bild
gekauft hat. Oder sollte ich ihm noch eins schenken?

.... Nein, noch nicht. Was braucht er?

.... Ich habe mal gehört, dass er gern ins Museum geht. Vielleicht ein Bild?

.... Ich finde die Idee nicht schlecht. Im Esszimmer oder im Schlafzimmer kann man auch
Bilder aufhängen.

*klingen 聞こえる nützlich 役に立つ Alltag 男 日常 zuerst まず最初に Vase 女 花瓶 sicher 確かな außer ～以外
meinen 思う Tassen 複 < Tasse 女 カップ brauchen 必要である

F1 **Was schenken Sie Ihrem Freund / Ihrer Freundin / Ihrer Familie? Schreiben Sie.** [E2] を参考に、
あなたの家族もしくは友人の誕生日に何をプレゼントするか、それぞれの状況や興味も紹介しながら空欄を補いましょう。

例 Meine Mutter hat am 7. Januar Geburtstag. Ich schenke ihr einen schicken Hut, weil sie
sich für Mode interessiert.

Mein Freund / Meine Freundin hat am _____ Geburtstag.

Ich schenke ihm / ihr _____,

weil er / sie sich für _____ interessiert.

F2 **Bis wann bleibt Renate in Heidelberg? Lesen Sie und notieren Sie.** Renate はいつまでハイデルベルク
にいますか。Marion(M) と Renate(R) の会話を読み、Renate の予定をスケジュール帳に書きこみましょう。

M : Hallo, Renate! Ich wollte dich fragen, bis wann du in Heidelberg bleibst.

R : Hallo, Marion! Ich bleibe bis zum 2. August. Am 3. fliege ich wieder in die USA zurück.

M : Bis zum 2.? Am 30. Juli habe ich eine Prüfung. ... Hast du am 1. August Zeit?

R : Am 1. helfe ich meinem Bruder Anton beim Umzug. Er zieht in eine neue Wohnung.

M : Ach so. Dann hoffe ich, dass ich Ende Juli mit dir essen gehen kann. Moment... welches
Datum haben wir heute? Den 26.?

R : Nein, heute ist der 27. Ich gehe morgen mit meinen Eltern ins Konzert. Und
übermorgen besuche ich meine Großeltern. Aber am 31. habe ich Zeit.

M : Schön. Der 31. passt mir gut. Dann können wir uns am 31. treffen.

27.07	heute	31.07	
28.07		01.08	
29.07		02.08	
30.07		03.08	zurück in die USA

*Prüfung 女 試験　Umzug 男 引っ越し　übermorgen 明後日

F3 **Wann finden die Schulveranstaltungen statt? Fragen Sie Ihre Parterin / Ihren Partner.** 行事の日
程を聞いて答えましょう。

  → S.100

die Klassenfahrt	das Musikfest	die Prüfungen 複	die Winter-ferien 複	die Sommer-ferien 複
20.-24. Mai	9.-10. Oktober		24. Dezember - 7. Januar	

例 ● Wann <u>ist</u> <u>die Klassenfahrt</u>?

▲ <u>Vom zwanzigsten</u>
<u>bis zum vierundzwanzigsten Mai.</u>

4. Juli-9. Juli: vom vier**t**en Juli bis zum neun**t**en Juli.
7月4日から7月9日まで

G **Lesen Sie Lisas Tagebuch und kreuzen Sie an.** Lisaの日記を読み、合っていればrichtigに、間違っていれば falschにチェックを入れましょう。

🔊 2-29

1. Mai: Ich habe Weimar besucht. Weimar ist eine kleine Stadt. Diese schöne Stadt ist bekannt für Goethe und Schiller. Dort habe ich das Goethehaus und das Schillerhaus besucht. Ich habe auch nicht vergessen, das Haus des berühmten Musikers Franz Liszt zu besichtigen.

4. Mai: Meine Schwester hatte Geburtstag. Sie ist 14 geworden. Zu Hause haben wir ihren
5 Geburtstag gefeiert. Meine Mutter hat drei verschiedene leckere Kuchen gebacken – einen Käsekuchen, einen Schokoladenkuchen und einen Obstkuchen. Ich habe meiner Schwester einen blauen Schal geschenkt.

10. Mai: Ich habe ein Referat über Richard Wagner gehalten. Weil mein Nebenfach Musikwissenschaft ist, lese ich viele musikgeschichtliche Bücher. Am Abend habe ich mit
10 meinen Freundinnen italienisch gegessen. Das italienische Restaurant mit dem schönen Garten hat uns gut gefallen.

> *Weimar 地名 ワイマール　bekannt für ～で有名だ　Goethe ゲーテ　Schiller シラー　vergessen < vergessen 忘れる
> berühmt 有名な　Franz Liszt フランツ・リスト　gefeiert < feiern 祝う　verschieden 様々な　ein Referat halten 口頭
> 発表をする　Richard Wagner リヒャルト・ワーグナー　Nebenfach 中 副専攻　Musikwissenschaft 女 音楽学
> musikgeschichtlich 音楽史の　gegessen < essen 食べる　gefallen < gefallen 気に入る

		richtig	falsch
1	Lisa hat das Haus von Liszt besucht.	☐	☐
2	Lisas Mutter hat am 14. Mai Geburtstag.	☐	☐
3	Lisa arbeitet in Weimar.	☐	☐
4	Lisa hat ihrer Feundin einen blauen Schal geschenkt.	☐	☐
5	Lisa ist am 10. Mai mit ihren Freundinnen in ein italienisches Restaurant essen gegangen.	☐	☐

Phonetik 様々なsの音

🔊 2-30 **Wie spricht man aus? Kreuzen Sie an, hören Sie dann und sprechen Sie nach.** 下線部はどのような音にな るでしょう。チェックを入れ、後に続いて発音しましょう。

		[s]	[z]	[ʃ]
1	Bu**s** Hau**s** Glei**s** Po**s**t ko**s**ten Hu**s**ten	☐	☐	☐
2	**s**ehen **s**eit **s**onnig ra**s**ieren Na**s**e Kä**s**e	☐	☐	☐
3	**S**port **s**prechen Blei**s**tift **S**traße **s**tudieren	☐	☐	☐
4	e**ss**en Flu**ss** la**ss**en Schlo**ss** Wa**ss**er	☐	☐	☐
5	**Sch**nee **sch**wimmen **sch**warz Flei**sch** wa**sch**en	☐	☐	☐
6	Fu**ß**ball flei**ß**ig gro**ß** hei**ß**en wei**ß**	☐	☐	☐

1　形容詞の格変化 (Adjektivdeklination)

① 〈定冠詞類をともなう場合（弱変化）：定冠詞（類）＋形容詞＋名詞〉

	男性名詞		女性名詞		中性名詞		複数形	
1格	der	schwarze Pullover	die	graue Hose	das	gelbe T-Shirt	die	braunen Socken
2格	des	schwarzen Pullovers	der	grauen Hose	des	gelben T-Shirts	der	braunen Socken
3格	dem	schwarzen Pullover	der	grauen Hose	dem	gelben T-Shirt	den	braunen Socken
4格	den	schwarzen Pullover	die	graue Hose	das	gelbe T-Shirt	die	braunen Socken

Der rote Rock gefällt mir.　　　　その赤いスカートを私は気に入っています。

② 〈不定冠詞類をともなう場合（混合変化）：不定冠詞(類)＋形容詞＋名詞〉

	男性名詞		女性名詞		中性名詞		複数形	
1格	ein	schwarzer Mantel	eine	weiße Hose	ein	neues Hemd	meine	alten Schuhe
2格	eines	schwarzen Mantels	einer	weißen Hose	eines	neuen Hemd(e)s	meiner	alten Schuhe
3格	einem	schwarzen Mantel	einer	weißen Hose	einem	neuen Hemd	meinen	alten Schuhen
4格	einen	schwarzen Mantel	eine	weiße Hose	ein	neues Hemd	meine	alten Schuhe

Ich schenke ihm eine neue Krawatte.　　　私は彼に新しいネクタイをプレゼントします。

③ 〈冠詞をともなわない場合（強変化）：形容詞＋名詞〉

	男性名詞	女性名詞	中性名詞	複数形
1格	süßer Wein	warme Suppe	heißes Wasser	frische Äpfel
2格	süßen Weins	warmer Suppe	heißen Wassers	frischer Äpfel
3格	süßem Wein	warmer Suppe	heißem Wasser	frischen Äpfeln
4格	süßen Wein	warme Suppe	heißes Wasser	frische Äpfel

Ich kaufe ihr warme Handschuhe.　　　私は彼女にあたたかい手袋を買います。

2　序数 (Ordinalzahlen)

1	**erste**	7.	**siebte**	13.	dreizehnte	20.	zwanzigste
2.	zweite	8.	**achte**	14.	vierzehnte	21.	einundzwanzigste
3.	**dritte**	9.	neunte		⋮		⋮
4.	vierte	10.	zehnte				
5.	fünfte	11.	elfte	18.	achtzehnte	30.	dreißigste
6.	sechste	12.	zwölfte	19.	neunzehnte	31.	einunddreißigste

※「〜番目の」という意味を表す序数は、原則として 1-19まではそれぞれの基数に –t を、20以上は -st をつけて作ります。算用数字で表記する場合は、数の右下に . をつけます。

※日付は男性名詞です。

Mein Geburtstag ist ⎰ der vierzehnte Januar / **erste**.　　　私の誕生日は1月14日です。
　　　　　　　　　　 ⎱ am vierzehnten Januar / **ersten**.

Welcher Koffer ist schwerer?

  A1 **Ordnen Sie zu.** 1-6 の反意語を a-f の中から選び、線でつなぎましょう。

1 Paulas Tasche ist schwer.

· a Lina ist groß.

2 Die Mozartstraße ist breit.

· b Felix spricht langsam.

3 Das Wohnzimmer ist hell.

· c Sven steht spät auf.

4 Emilia steht früh auf.

· d Pauls Tasche ist leicht.

5 Anke ist klein.

· e Das Schlafzimmer ist dunkel.

6 Klaus spricht schnell.

· f Die Bachstraße ist schmal.

  A2 **Wie heißt das Gegenteil? Schreiben Sie.** 反意語を書きましょう。

🔊 2-31

schwer ⇔ ....   breit ⇔ ....   hell ⇔ ....

früh ⇔ ....   klein ⇔ ....   schnell ⇔ ....

  A3 **Vergleichen Sie und schreiben Sie.** **A1** の絵を比べましょう。

1 Paulas Tasche ist schwerer als Pauls Tasche.

2 Die Mozartstraße ist breit........ als die Bachstraße.

3 Das Wohnzimmer ist hell........ als das Schlafzimmer.

4 Emilia steht .... auf als Sven.

5 Anke ist .... Lina.

6 Klaus spricht .... Felix.

比較級：形容詞 + er als ...
schwer → schwerer als ...
groß → größer als ...

B1 **Vergleichen Sie und sprechen Sie.** A, Bを比較し、どちらかを選んで答えましょう。

🔊 2-32

例 ● Welcher Koffer ist schwerer?
　　▲ Koffer A ist schwerer als Koffer B.

Koffer A　　　　Koffer B

1 ● Welche Blume ist schöner?　　Blume A　　　　Blume B
　　▲ Blume ...

2 ● Welches Zimmer ist größer?　　Zimmer A　　　　Zimmer B
　　▲ Zimmer ...

  B2 **Vergleichen Sie und sprechen Sie.** 比較して答えましょう。

🔊 2-33

例 ● Welches Fahrzeug fährt <u>schneller</u>?　　**a** das Fahrrad　**b** das Auto
　　▲ Das Auto fährt <u>schneller</u> als das Fahrrad.

1　Welcher Fluss ist länger?
　a der Rhein (1 230 Kilometer)　　　　　**b** die Donau (2 850 Kilometer)

2　Welcher Berg ist höher?
　a die Zugspitze (2 962 m)　　　　　　**b** das Matterhorn (4 478 m)

3　Welcher See ist größer?
　a der Bodensee (536 m²)　　　　　　**b** der Biwa-See (670 m²)

4　Welches Gebäude ist älter?
　a der Horyu-Tempel (607)　　　　　　**b** der Kölner Dom (1322)

5　Welche Stadt hat mehr Einwohner?
　a Köln (1 080 000)　　　　　　　　**b** Heidelberg (160 601)

*Einwohner 複 < Einwohner 男 住人

 B3 **Schreiben Sie die Komparativformen.** **B2** の比較級を表に入れましょう。

	alt	groß	hoch	lang	schnell	viel
比較級						

Fragen Sie und antworten Sie. 互いに比較しましょう。

2-34

例 ● Wie groß bist du?　　　　　　▲ Ich bin 1 Meter 60 groß. Und du?
　　● Ich bin 1 Meter 70 groß.　▲ Dann ~~bin ich~~ / bist du größer als ~~du~~ / ich.

1 ● Wie lange brauchst du zur Uni?　　　　▲ .... Stunde(n) und .... Minuten. Und du?
　● .... Stunde(n) und .... Minuten.　▲ Ich brauche / Du brauchst <u>länger</u> als du / ich.

2 ● Wann stehst du auf?　　　　　　▲ Um .... Uhr stehe ich auf. Und du?
　● Ich stehe um .... Uhr auf.　▲ Ich stehe / Du stehst <u>früher</u> auf als du / ich.

3 ● Wie lange schläfst du?　　　　　▲ Ich schlafe etwa .... Stunden. Und du?
　● Ich schlafe etwa .... Stunden.　▲ Ich schlafe / Du schläfst <u>länger</u> als du / ich.

 Sprechen Sie mit Ihrer Partnerin / Ihrem Partner. StefanとNoahについて質問しましょう。

2-35

	auf|stehen	Größe (groß)	Schlafdauer	50-Meter-Lauf
Stefan	6 Uhr		6 Stunden	
Noah	7 Uhr	1,80 m		7 Sekunden

→ S.100

1 ● Wann steht <u>Stefan</u> auf?　　▲ <u>Stefan</u> steht <u>um sechs Uhr</u> auf.
　● Wann steht <u>Noah</u> auf?　　▲ <u>Noah</u> steht <u>um sieben Uhr</u> auf.

　Größe　　　　Wie groß ist <u>Stefan / Noah</u>? — <u>Stefan / Noah</u> ist ... Meter ... groß.
　Schlafdauer　Wie lange schläft <u>Stefan / Noah</u>? — <u>Stefan / Noah</u> schläft ... Stunden.
　50-Meter-Lauf　Wie schnell läuft <u>Stefan / Noah</u>?
　　　　　　　— <u>Stefan / Noah</u> läuft 50 Meter in ... Sekunden.

2 **Vergleichen Sie Stefan und Noah.** 完成した表をもとに比較しましょう。

　auf\|stehen　　<u>Stefan</u> steht <u>früher auf als</u> Noah.　　Größe　　　... <u>ist größer als</u> ...
　Schlafdauer　... <u>schläft länger als</u> ...　　　　50-Meter-Lauf　... <u>läuft schneller als</u> ...

  Vergleichen Sie und schreiben Sie. どちらかを選んで書きましょう。

1　Ich spreche Englisch .... als Deutsch. (besser / schlechter)

2　Ich esse .... zum Frühstück als zu Mittag. (mehr / weniger)

3　Ich laufe .... als früher. (schneller / langsamer)

4　Ich finde, Sportsendungen sind .... als Nachrichten. (interessanter / langweiliger)

5　Ich gehe jetzt .... ins Kino als früher. (öfter / seltener)

*Sportsendungen 複 < Sportsendung 女 スポーツ番組　Nachrichten 複 < Nachricht 女 ニュース
besser < gut 良い（比較級）　öfter < oft 頻繁に（比較級）　seltener < selten めったに〜ない（比較級）

D1 **Sie sind in einer Boutique. Vergleichen Sie und sprechen Sie.** 店での会話です。写真を見て会話を完成させましょう。

🔊 2-36

例 ● Sieh mal, die Sonnenbrille.

▲ Ja, die ist schick. Aber diese Sonnenbrille dort ist genauso schick wie diese hier.

> A ist (genau)so … wie B.
> AはBと（全く）同じくらい〜です。

1 der Hut (schön)　　2 das T-Shirt (teuer)　　3 die Handschuhe (warm)

D2 **Ergänzen Sie „als" oder „wie".** 下線部に比較のalsまたはwieを入れましょう。

1 Mir gefällt Rugby besser .... Fußball.

2 Der Rucksack ist genauso groß .... die Tasche.

3 Sein Smartphone ist nicht so praktisch .... dein Smartphone.

4 Der Krimi ist interessanter .... der Roman.

5 Die Jeans finde ich besser .... die Hose.

D3 **Vergleichen Sie.** 大学を比較し、下の質問に答えましょう。

Universität A	**Universität B**
48 800 Studierende	21 000 Studierende
650 Professoren	260 Professoren
seit 1388	seit 1970
1 250 Internationale Studierende	1 800 Internationale Studierende
1,2 km²	1,2 km²

1 Welche Universität hat mehr Studierende? — Universität A hat mehr …als …

2 Welche Universität hat mehr Professoren?

3 Welche Universität ist älter?

4 Welche Universität hat mehr internationale Studierende?

5 Ist Universität A größer als Universität B?

D4 **Vergleichen Sie Ihre Universität mit Universität A von** D3 **und schreiben Sie.** あなたの通う大学・学校を D3 のA大学と比較しましょう。

例 Unsere Universität hat mehr/weniger Studierende als Universität A. …

E1 **Vergleichen Sie und ergänzen Sie.** 写真を比較しましょう。

🔊 2-37

例 **groß** : Wecker eins ist <u>größer</u> als Wecker drei.
Wecker zwei ist <u>am größten</u>.

1　　　　　　　　　2　　　　　　　　　3

80 Euro　　　　　　250 Euro　　　　　540 Euro

最上級 : am —— **sten**
am <u>teuer**sten**</u>
am <u>billig**sten**</u>

※ teuer の比較級は teurer となります。

a　teuer :　Wecker zwei ist __**teurer**__ als Wecker eins.
Wecker drei ist __am__ _____.

b　billig :　Wecker zwei ist_____ _____ Wecker drei.
Wecker _____ ist __am__ _____.

c　praktisch :　Wecker _____.
Wecker _____ ist __am__ _____.

 E2 **Fragen Sie und antworten Sie.** 質問して答えましょう。

1　Was trinken Sie lieber, Orangensaft oder Kaffee?　— Ich trinke lieber _____.
Was trinken Sie am liebsten?　— Am liebsten trinke ich _____.

> Orangensaft　Apfelsaft　Cola　Kaffee　Tee

2　Was lesen Sie lieber, Zeitschriften oder Zeitungen?　— Ich lese lieber _____.
Was lesen Sie am liebsten?　— Am liebsten lese ich _____.

> Zeitschriften　Krimis　Zeitungen　Comics　Romane

3　Mit welchem Stift schreiben Sie häufiger, mit einem Kugelschreiber oder mit einem
Bleistift?　　— Mit <u>einem</u> _____.
Mit welchem Stift schreiben Sie am häufigsten?　— Mit _____.

> einem Kugelschreiber　einem Bleistift　einem Füller　einem Druckbleistift

*Druckbleistift 男 シャープペンシル

F1 **Ergänzen Sie die Lücken. Welches Bild passt zu a, b oder c?** bの _____ には比較級、cの _____ には最上級を入れ、a、b、cの ____ に形容詞の語尾を入れましょう。また、どの絵が当てはまりますか。（　）にa～cを入れましょう。

a

1 Timo ist ein intelligent__ Student.
2 Er hat ein groß__ Zimmer.
3 Er hat einen neu__ PC.
4 Er hat eine praktisch__ Uhr.
5 Er schläft in einem bequem__ Bett.

（　　）

b

1 Felix ist ein _intelligenter__ Student als Timo.
2 Er hat ein _____ Zimmer als Timo.
3 Er hat einen _____ PC als Timo.
4 Er hat eine _____ Uhr als Timo.
5 Er schläft in einem _____ Bett als Timo.

（　　）

c

1 Alexander ist der _intelligentest__ Student von den drei.
2 Er hat das _größt__ Zimmer.
3 Er hat den _neuest__ PC.
4 Er hat die _____ Uhr.
5 Er schläft in dem _____ Bett.

（　　）

※形容詞の語尾変化については8課を参照すること

F2 **Hören Sie und schreiben Sie die Nummer in den Kasten.** 音声を聞き、人の名前に番号を書きましょう。

2-38

	Frau Schmidt		Jonas
☐	Sabine	☐	Herr Meyer
☐	Helena	☐	Frank

G **Lesen Sie und vergleichen Sie. Ergänzen Sie dann die Lücken.** a–c を読み、3つの都市を比べ、下線部
に比較級・最上級を入れましょう。

■) 2-39

a

Berlin ist seit 1990 wieder die Hauptstadt Deutschlands. Die Stadt hat die meisten Einwohner in Deutschland. Es gibt viele Sehenswürdigkeiten. Die Humboldt-Universität ist die älteste Universität in Berlin. Die Durchschnittstemperatur im Juli liegt bei 23,1 Grad. Es regnet im Juli durchschnittlich 19 Tage.

*Hauptstadt 囡 首都　Durchschnittstemperatur 囡 平均気温　durchschnittlich 平均して

b

Die Stadt Hamburg liegt an dem Fluss Elbe. Viele Schiffe kommen aus der ganzen Welt. Der Fischmarkt ist sehr bekannt. Den gibt es seit 1703. Er findet jeden Sonntag statt. Hier kann man fast alles kaufen: Fisch, Obst, Brot, Käse und Blumen. Im Winter beginnt der Markt um 7 Uhr, im Sommer öffnet der Markt schon früher, nämlich um 5 Uhr. In Hamburg liegt die Durchschnittstemperatur im Juli bei 22,6 Grad. Es regnet aber nur durchschnittlich sieben Tage.

*Fluss 男 川　Elbe 囡 エルベ川　Schiffe 複 < Schiff 中 船　Fischmarkt 男 魚市場　nämlich すなわち

c

Die Stadt München hat weniger Einwohner als Hamburg. Das Oktoberfest ist auf der ganzen Welt bekannt. Der Englische Garten ist 2,75 Quadratkilometer groß. Hier kann man spazieren gehen, joggen, Rad fahren und Fußball spielen. Im Juli ist es warm. Die durchschnittliche Temperatur im Juli beträgt 23,8 Grad. Es gibt im Juli durchschnittlich nur fünf Regentage.

*Quadratkilometer 男 平方キロメートル　betragen ~に達する　Regentage 複 < Regentag 男 雨の日

1　Berlin hat die _____ Einwohner in Deutschland.

2　In Berlin sind die Regentage im Juli am _____.

3　In Hamburg beginnt der Fischmarkt im Sommer _____ als im Winter.

4　Hamburg hat _____ Einwohner als München.

5　In München ist die Temperatur im Juli am _____.

> viel - mehr - am meisten
> hoch - höher - am höchsten

Phonetik　語末・音節末の -r / -er

■) 2-40　**1** ドイツ語の「r」を発音するには、舌先を下げたまま舌全体を奥に引き、口蓋垂（のどひこ）と舌の間を狭めます（図参照）。

Rot 赤色　　**R**om ローマ　　B**r**ot パン　　g**r**oß 大きい
Wa**r**e 品物　　fah**r**en （乗り物に）乗る

■) 2-41　**2** 語末・音節末の「-r」.「-er」は軽く「ア」と読みます。アクセント（強勢）がないのが特徴です。

Uh**r** 時計　　Tü**r** ドア　　Bie**r** ビール　　abe**r** しかし　　Brude**r** 兄弟

1 比較級 (**Komparativ**)：原級に語尾 -er をつけて作ります。

$$\boxed{原級 + er} + als \quad （〜よりも）\qquad David ist klein**er** als Ben.\qquad ダビットはベンより背が低い。$$

※1音節の語の幹母音 a, o, u は ä, ö, ü と変音する場合があります。　　alt – ält**er**　　groß – größ**er**

※ -el, -er で終わる形容詞の -e- は省略されます。　　dunkel – dunkl**er**　　teuer – teur**er**

2 同等比較：同じ程度を表わすときに使います。

$$(genau)so + \boxed{原級} + wie \quad 〜と（全く）同じように\qquad Er ist **so** alt **wie** ich. \quad 彼は私と同じ年齢だ。$$

3 最上級 (**Superlativ**)：最も程度が高いことを表わします。

$$am \boxed{原級 + (e)sten}\qquad Das Gebäude ist **am ältesten**. \qquad この建物は一番古い。$$

4 最上級の付加語的用法

最上級は、定冠詞をつけて付加語的に使う場合もあります。

$$der/die/das \boxed{原級 + (e)ste}\qquad Alex ist **der** größ**te** Schüler in der Klasse. \quad アレックスはクラスで一番背が高い。$$

※同じ対象について、ある条件の時に「最も…だ」という場合には am $\boxed{原級 + (e)sten}$ を使いますが、定冠詞 $\boxed{原級 + (e)ste}$ は使えません。

原級	比較級 (+ er)	最上級 (+ (e)st)
schön	schön**er**	schön**st**
teuer	teur**er**	teuer**st**
breit	breit**er**	breit**est**
lang	läng**er**	läng**st**
alt	**ält**er	**ält**est
groß	gr**öß**er	gr**öß**t

※原級が -d, -t, -s, -z などで終わる語の最上級は -est にします。

不規則変化

原級	比較級	最上級
gut	besser	best
viel	mehr	meist
hoch	höher	höchst
gern	lieber	liebst

※gern は副詞としてのみ使われます。

5 反意語 (**Gegensatzwörter**)

klein 小さい ⇔ groß 大きい　　früh 早い ⇔ spät （時間的に）遅い

hell 明るい ⇔ dunkel 暗い　　schnell 速い ⇔ langsam ゆっくりとした　　schwer 重い ⇔ leicht 軽い

teuer （値段が）高い ⇔ billig 安い　　viel 多くの ⇔ wenig 少ない　　breit （幅が）広い ⇔ eng 狭い

Wer ist der junge Mann, der Kaffee trinkt?

 A **Ergänzen Sie.** 写真に合う単語を補いましょう。

2-42

1 die Landschaft

| die Berge | der Fluss | ~~die Insel~~ | ~~das Meer~~ | der See | der Wald |

a das Meer **b** .... **c** .... **d** .... **e** die Insel **f** ....

2 in der Stadt

| die Altstadt | die Brücke | der Dom | ~~die Jugendherberge~~ | ~~das Kloster~~ |
| das Schloss | der Tempel/der Schrein | der Turm | | |

a das Kloster **b** .... **c** .... **d** ....

e .... **f** die Jugendherberge **g** .... **h** ....

3 in der Universität

| ~~die Aula~~ | die Bibliothek | das Hauptgebäude | ~~der Hörsaal~~ | die Mensa |

a der Hörsaal **b** .... **c** .... **d** die Aula **e** ....

G B1 Ergänzen Sie die Lücken. どのような関係代名詞が入るでしょう？ 定冠詞を思い出しながら、選択肢の中から補いましょう。

🔊 2-43

例 Der Rhein ist ein Fluss, **der** Fluss durch Deutschland <u>fließt</u>.

der den die das

1 Das ist eine Bibliothek, ... bis 20 Uhr geöffnet ist.

2 Neuschwanstein ist ein Schloss, ... viele Touristen besuchen.

3 Der Stephansdom ist ein Dom, ... in der Stadtmitte von Wien steht.

4 Der Kinkakuji ist ein Tempel, ... Yoshimitsu erbaut hat.

5 Das ist eine Jugendherberge, ... früher ein Schloss war.

*geöffnet 開いている　erbauen 建立する　früher 以前は

G B2 Was gefällt Ihnen am besten? Ergänzen Sie. 「○○は私が最も気に入っている××です」となるように、下線部には自由に、四角には関係代名詞 (der, die, das) を補いましょう。

例 <u>Mozart</u> ist der Komponist, | der | mir am besten gefällt.

モーツァルトは私が最も気に入っている作曲家です。

1 .... ist die Stadt, | | mir am besten gefällt.

2 .... ist das Buch, | | mir am besten gefällt.

3 .... ist der Film, | | mir am besten gefällt.

4 .... ist der Autor/die Autorin, | | mir am besten gefällt.

5 .... ist die Jahreszeit, | | mir am besten gefällt.

Frühling Sommer Herbst Winter

*Komponist 男 作曲家　am besten < gutの最上級　Autor 男/Autorin 女 作家　Jahreszeit 女 季節

C1 **Fragen Sie und antworten Sie.** **B2** で書いたことについてお互い尋ねましょう。

 2-44

例 ● Wie heißt der Komponist, **der** dir am besten gefällt?

▲ <u>Mozart</u> ist der Komponist, **der** mir am besten gefällt.

1 ● Welche Jahreszeit gefällt dir am besten?

▲ _____ ist die Jahreszeit, **die** mir am besten gefällt.

2 ● Wie heißt der / die / das _____ , **der** / **die** / **das** dir am besten gefällt?

▲ _____ ist der / die / das _____ , **der** / **die** / **das** mir am besten gefällt.

 C2 **Ergänzen Sie die Relativpronomen.** 以下の表に関係代名詞を補いましょう。

	男性	女性	中性	複数
Nominativ 1格	der			die
Akkusativ 4格		die	das	die

 C3 **Wie heißen die Personen? Fragen Sie Ihre Partnerin / Ihren Partner.** 以下の **1** と **2** で、2つの文を関係代名詞を使って1つの疑問文にして、名前がわからない人物の名前を尋ねましょう。 → S.101

2-45

Martin
Frau Neumann
3
1
Stefanie
und Lukas
4
2

例 Wer ist die alte Frau? Die Frau trägt eine Brille.

→ ● Wer ist die alte Frau, **die** eine Brille trägt?

▲ Das ist <u>Frau Neumann</u>.

Fragen

1 Wer ist der alte Mann?
Der Mann schläft auf dem Sofa.

→ ● .... ?

2 Wer ist die junge Frau? Die Frau liest ein Buch.

→ ● .... ?

Antworten

3 ▲ Das ist ....

4 ▲ Die Kinder heißen ....

 C4 **Meine Lieblingssachen: Ergänzen Sie.** 関係代名詞（4格）を補いましょう。

1 Im Winter trage ich gern den Pullover, ... meine Oma gestrickt hat.

2 Die Tasche, ... mir meine Mutter geschenkt hat, ist sehr schick.

3 Das ist das Smartphone, ... ich immer bei mir habe.

4 Die Schuhe, ... ich in Deutschland gekauft habe, gefallen mir am besten.

 C5 **Sprechen Sie über Ihre Lieblingssachen.** **C4** にならい、関係代名詞を使って自分のお気に入りのものを紹介しましょう。

D1 **Wie heißen die Personen?** 適当な人物を絵の中から選んで、名前を書きましょう。色の形容詞は、8課 (S.59) を参照しましょう。

1　Wer ist der Mann, **dessen** Brille eckig ist?

　　— Das ist ....

Herr Bauer　Herr Bosch　Herr Becker

*rund ○　eckig □　dreieckig △

2　Wer ist die Frau, **deren** Haare schulterlang sind?

　　— Das ist ....

Frau Meyer　Frau Müller　Frau Maurer

*schulterlang 肩までのびた

3　Wie heißt das Mädchen, **dessen** Hut weiß ist?

　　— Das Mädchen heißt ....

Anna　Vera　Maria　Julia

4　Wie heißen die Kinder, **deren** Schuhe blau sind?

　　— Die Kinder heißen

　　................................. und ....

Daniel　Felix　Theo

Leo　Jonas　Peter

D2 **Ergänzen Sie die Relativpronomen.** **D1** を参考に、表に関係代名詞（2格）を入れましょう。

	男性	女性	中性	複数
Genitiv 2格	dessen			

D3 **Fragen Sie und antworten Sie.** **D1** を参考に、絵を見ながらペア相手に質問し、答えましょう。

1　● Wer ist der Mann, **dessen** Brille rund / eckig / dreieckig ist?

　　▲ Das ist ....

2　■ Wer ist die Frau, **deren** Haare lang / kurz / schulterlang sind?

　　▲ Das ist ....

Ergänzen Sie die Relativpronomen. 空欄に選択肢の中から適当な関係代名詞を選びましょう。

~~dem~~ dem der denen

1
Ich habe einen Bruder, **dem** ich oft bei den Hausaufgaben helfe.

2
Ich habe eine Freundin, mit .... ich oft ins Kino gehe.

3
Ich habe ein Fahrrad, mit .... ich sonntags oft eine Radtour mache.

4
Ich habe Freunde, mit .... ich gern Fußball spiele.

 Ergänzen Sie die Relativpronomen. 以下の表に関係代名詞を補いましょう。

	男性	女性	中性	複数
Dativ 3格				denen

 Lesen Sie die Anzeigen und schreiben Sie Relativsätze. 4つの広告を読み、それぞれが探している人や家を、関係代名詞を使って作文しましょう。

a
Café Ludwig sucht einen freundlichen Kellner. Gute Englischkenntnisse sind erforderlich.
Arbeitszeit: samstags und sonntags von 10 bis 17 Uhr.

b
Ehepaar (Architekt/Journalistin) sucht 3-Zi. Wohnung in Schwabing.
Mindestens 60 m², 1300 - 1500 €/Monat
Tel. 0951-22 98 30

＊Schwabing 地名 ミュンヘン市内の一地区
mindestens 少なくとも

c
Ehepaar sucht Babysitterin mit Führerschein
von Mo. bis Do., von 8.30 - 17.30 Uhr.
Wir haben zwei Kinder (2 und 5 Jahre alt).
Gute Bezahlung.

d
Firma Rottmann GmbH in Düsseldorf
Branche: Dienstleistung
sucht junge Praktikanten mit guten Computerkenntnissen.
Praktikumsdauer: im August und im September, mindestens vier Wochen.

a Café Ludwig sucht einen Kellner, **der** .... ist und gute .... hat.

b Ein Ehepaar sucht eine Wohnung, ... Zimmer hat und mindestens .... Quadratmeter groß ist.

c Ein Ehepaar sucht eine Babysitterin, ... den .... hat und .... arbeiten kann.

d Firma Rottmann sucht junge Praktikanten, ... gute .... haben und .... arbeiten können.

📖 **F1** **Weltkulturerben in deutschsprachigen Ländern. Lesen Sie und ordnen Sie zu.** 以下はドイツ語圏
の国々にある世界遺産です。文を読んで写真と合わせましょう。

a ( )　　　　b ( )　　　　c ( )　　　　d ( )

🔊 2-46

1 Der Kölner Dom, der direkt am Bahnhof liegt, ist eine gotische Kirche und das
Wahrzeichen Kölns. Dort liegen die Gebeine der Heiligen Drei Könige. Der Dom hat zwei
Türme, die ca. 157 Meter hoch sind. Man kann den Südturm besteigen, von dem man
eine wunderbare Aussicht auf die Stadt und den Rhein genießen kann.

*gotisch ゴシック様式の　Wahrzeichen 中 象徴　Gebeine 複 遺骨　Aussicht 女 眺め　genießen 楽しむ

🔊 2-47

2 Schloss Schönbrunn ist eine der beliebtesten Sehenswürdigkeiten in Wien. Es war die
Sommerresidenz der Habsburger, wo einst Maria Theresia, Kaiser Franz Josef und Kaiserin
Elisabeth, die als „Sisi" bekannt ist, gewohnt haben. Der Schlosspark, der für alle Besucher
zugänglich ist, ist täglich ab 6.30 Uhr geöffnet. In Schönbrunn, wo Mozart einmal gespielt
hat, kann man auch heute noch Konzerte genießen.

*beliebt 人気のある　Habsburger 複 ハプスブルク家の人々　einst かつて　zugänglich 立ち入ることができる

💡 先行詞が「場所」のとき：in dem/der → wo（関係副詞）で置き換え可能

🔊 2-48

3 Bern ist nicht nur die Schweizer Hauptstadt, sondern eine wunderschöne mittelalterliche
Altstadt. Das Wahrzeichen der Stadt ist der Zeitglockenturm (Zytglogge). In der Altstadt,
die am Fluss liegt, befindet sich der BärenPark. Es gibt auch über 100 Brunnen, an denen
sich Passanten mit kühlem Trinkwasser erfrischen können. In der 6 km langen
Einkaufspromenade sind sowohl lokale als auch internationale Boutiquen.

*mittelalterlich 中世の　sich⁴ befinden 〜がある　Brunnen 複 < Brunnen 男 泉　Passanten 複 < Passant 男 歩行者
sich⁴ erfrischen 気分がさわやかになる　Einkaufspromenade 女 ショッピング街　lokal この地域の
sowohl A als auch B AもBも

🔊 2-49

4 Die Insel Reichenau ist die größte Insel im Bodensee. Auf der Insel liegt ein Kloster, das
eines der wichtigsten kulturellen und wissenschaftlichen Zentren Europas war. Im 8.
Jahrhundert sind die Benediktiner dorthin gekommen und haben gesiedelt. Besonders
sehenswert sind die romanischen Kirchen, die dem Kloster gehören. In den Kirchen
finden das ganze Jahr über klassische Konzerte statt.

*Zentren 複 < Zentrum 中 中心地　Jahrhundert 中 世紀　Benediktiner 複 ベネディクト会修道士
siedeln 定住する　romanisch ロマネスク様式の　das ganze Jahr über 1年中

📖 **F2** **Richtig oder falsch? Kreuzen Sie an.** 以下の記述が、**F1** の内容と合っていればrichtigに、違っていればfalsch
にチェックを入れましょう。

		richtig	falsch
1	Vom Südturm des Kölner Doms kann man eine schöne Aussicht genießen.	☐	☐
2	Im Schloss Schönbrunn hat einst Kaiserin Elisabeth gewohnt.	☐	☐
3	In Bern kann man das Wasser aus den Brunnen nicht trinken.	☐	☐
4	Man darf die Insel Reichenau nicht betreten.	☐	☐

*betreten 立ち入る

G1 **Traumhaus. Hören Sie und ergänzen Sie : Julia oder Stefan?** 音声を聞き、空欄に名前（JuliaかStefan）を入れましょう。

2-50
2-51

1 .... möchte in einem Haus und .... möchte in einer Wohnung wohnen.

2 .... möchte einen Garten haben, wo man grillen oder zelten kann.

3 .... möchte einen Balkon haben, wo man frühstücken kann.

4 .... möchte einen Keller haben, wo man Wäsche aufhängen kann.

*zelten テントに泊まる　Keller 男 地下室　auf|bewahren 貯蔵する　Fahrräder ab|stellen 自転車をしまう

G2 **Lesen Sie die Fragen und antworten Sie.** 以下の疑問文を読み、答えを考えましょう。

例 Wie heißt die Stadt, wo Mozart geboren wurde?　　Salzburg

1 Wie heißt das Land, das für Uhren, Schokolade und Banken bekannt ist?
　　 die ..S.................. e...........

2 Wie heißt die japanische Stadt, die durch Hirsche bekannt ist?
　　 ....

3 Wie heißt die Präfektur, in der viele alte Tempel und Schreine sind?
　　 ....

4 Wie heißt die Autofirma, deren Hauptsitz sich in der Präfektur Aichi befindet?
　　 ....

5 Wie hoch ist der Turm, der in Tokyo steht und in Japan am höchsten ist?
　　 .... Meter hoch

6 Wie heißt der Fluss, der von Deutschland durch Osteuropa bis zum Schwarzen Meer fließt?
　　 die ..D...........................

*Uhren 複 < Uhr 女 時計　Hirsche 複 < Hirsch 男 鹿　Hauptsitz 男 本社
Präfektur 女 県　Firma 女 会社　das Schwarze Meer 中 黒海

G3 **Stellen Sie Fragen mit Relativpronomen.** **G2** にならい、関係代名詞を使って疑問文を作り、グループで質問を出し合いましょう。

　　 Wie heißt der / die / das _____, ... ?

Phonetik　　文アクセント（強勢）（Satzakzent）

2-52　文中の最も重要な語に文アクセント（強勢）が置かれます。文アクセントは、補足疑問文では問いに対する答えとなる語に置かれるほか、対比する語にも置かれます。

1 **Wohin** fahren Sie?　— Ich fahre nach **Berlin**.

2 **Mit wem** fahren Sie nach Berlin?　— Mit meinen **Freunden**.

3 Ist der Vortrag **heute**?　— Nein, der Vortrag ist **morgen**.

4 Fährst du **mit der Bahn** zur Uni?　— Nein, ich nehme immer den **Bus**.

関係代名詞（Relativpronomen）

	男性	女性	中性	複数
1格 Nominativ	der	die	das	die
2格 Genitiv	**dessen**	**deren**	**dessen**	**deren**
3格 Dativ	dem	der	dem	**denen**
4格 Akkusativ	den	die	das	die

・主文と関係文は、必ずコンマ（,）で区切ります。

・関係代名詞は、先行詞の性と数によって変化します。先行詞は人であることも物であることもあります。関係文の中では動詞は最後に置かれます。

Ich habe eine Freundin, **die** gut Englisch spricht. （女性・1格）　　私には上手に英語を話す女友達がいます。

Ich habe ein Kind, **das** gut Englisch spricht. （中性・1格）　　私には上手に英語を話す子供がいます。

Ich habe Freunde, **die** gut Englisch sprechen. （複数・1格）　　私には上手に英語を話す友人たちがいます。

・関係代名詞は、先行詞が同じでも関係文の中で何格になるかによって変わります。

Ich habe einen Freund, **der** gut Englisch spricht. （男性・1格）　　私には上手に英語を話す（男）友達がいます。

Ich habe einen Freund, **dessen** Vater Arzt ist. （男性・2格）　　私には父親が医者であるという友達がいます。

Ich habe einen Freund, **dem** das Auto gehört. （男性・3格）　　私にはこの車の持ち主である友達がいます。

Ich habe einen Freund, **den** du auch gut kennst. （男性・4格）　　私には君も良く知っている友達がいます。

Ich habe einen Freund, mit **dem** ich oft ins Kino gehe. （男性・前置詞句）

※前置詞は、関係代名詞の前に置かれます。　　私にはよく映画を一緒に見に行く友達がいます。

・関係文は通常、先行詞の直後に置かれるため、主文の中に埋め込まれることもあります。

Die Frau, **die** ein Buch liest , heißt Lisa.　　本を読んでいる女性はリーザという名前です。

・先行詞が場所などを表す場合、「前置詞＋関係代名詞」の代わりに関係副詞 wo が使われることもあります。

Salzburg ist die Stadt, **wo** (=in **der**) Mozart geboren wurde.　ザルツブルクはモーツァルトが生まれた街です。

Wortschatz und *Ausdrücke*

Wie heißt die Stadt, die dir am besten gefällt?　　君が最も気に入っている街は、何という名前ですか？

Wer ist der alte Mann, der auf dem Sofa schläft?　　ソファーで眠っている年老いた男性はどなたですか。

Neuschwanstein ist ein Schloss, das viele Touristen besuchen.

ノイシュヴァンシュタインは多くの観光客が訪れるお城です。

Julia möchte einen Balkon haben, wo man frühstücken kann.

ユーリアは、朝食が食べられるバルコニーが欲しいと思っています。

A **Was passt? Wo werden die Fotos gemacht?** SNSに写真が投稿されています。どこのものでしょうか。写真を説明する文を選びましょう。

1 (　　)

2 (　　)

3 (　　)

4 (　　)

5 (　　)

6 (　　)

2-53

a In der **Dresdner Frauenkirche** wird eine Ausstellung **veranstaltet**.

b Der Garten von **Schloss Sanssouci** wird gut **gepflegt**.

c In der **Elbphilharmonie Hamburg** werden viele Konzerte **gegeben**.

d Die **Wieskirche** wird von vielen Pilgern **besucht**.

e Das **Schloss Neuschwanstein** wird von vielen Touristen **besucht**.

f In **Meißen** wird Porzellan **produziert**.

*veranstaltet < veranstalten 開催する　pflegen 手入れする　Pilger 複 < Pilger 男 巡礼者　Porzellan 中 陶磁器 produzieren 生産する

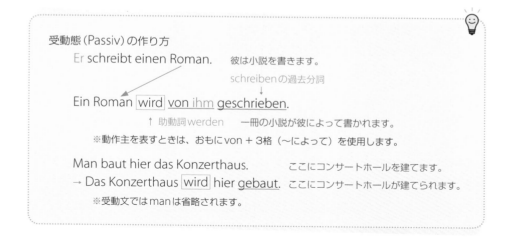

受動態 (Passiv) の作り方

Er schreibt einen Roman.　　彼は小説を書きます。

schreibenの過去分詞
↓

Ein Roman wird von ihm geschrieben.

↑ 助動詞werden　　一冊の小説が彼によって書かれます。

※動作主を表すときは、おもにvon＋3格（〜によって）を使用します。

Man baut hier das Konzerthaus.　　ここにコンサートホールを建てます。

→ Das Konzerthaus wird hier gebaut.　ここにコンサートホールが建てられます。

※受動文ではmanは省略されます。

B1 **Ergänzen Sie die Tabelle.** 過去分詞を書きましょう。（S. 32参照）

ge-t		ge-en		-t	
bauen	**ge**bau**t**	schließen	**ge**schloss**en**	reparieren	reparier**t**
malen		singen		komponieren	
tanzen		schreiben		besichtigen	
pflegen		geben		besuchen	
öffnen		nehmen		zerstören	

  B2 **Von wem wird das gemacht? Sprechen Sie.** それは誰によってなされますか？ 話しましょう。

 2-54

例 das Bild / malen // Anna

● Von wem wird <u>das Bild gemalt</u>?

▲ <u>Es</u> wird von Anna <u>gemalt</u>.

1 das Referat / halten // Robert

2 das Lied / singen // Akane

3 das Fahrrad / reparieren // mein Bruder

4 der Garten / pflegen // meine Mutter

  B3 **Was möchten Sie besichtigen? Fragen Sie und antworten Sie. Geben Sie Informationen über die Sehenswürdigkeiten.** **A** の名所について過去形で説明しましょう。

2-55

例 die Wieskirche / 1983 zum UNESCO-Weltkulturerbe erklären

● Was möchtest du besichtigen?

▲ Ich möchte <u>die Wieskirche</u> besichtigen.
<u>Sie</u> wurde <u>1983 zum UNESCO-Weltkulturerbe erklärt</u>.

wurde: werden の過去形
（1課参照）

*erklärt < erklären 指定する

1 das Schloss Sanssouci / 1990 zum UNESCO-Weltkulturerbe erklären

2 die Elbphilharmonie / 2016 bauen

3 die Dresdner Frauenkirche / während des Zweiten Weltkrieges zerstören

4 das Schloss Neuschwanstein / von Ludwig Ⅱ. bauen

*der Zweite Weltkrieg 男 第二次世界大戦　von Ludwig Ⅱ. = von Ludwig dem Zweiten

C1 **Sie haben eine Woche Urlaub. Ergänzen Sie.** 一週間の休暇の予定です。動詞を適切な形で補いましょう。

bauen   komponieren   malen   ~~produzieren~~   schreiben

1
Am Montag sehe ich eine Oper, die von Mozart _____ wurde _____ .

2
Am Dienstag sehe ich Bilder, die von Klimt _____ wurden _____ .

3
Am Donnerstag lese ich einen Roman, der von Kafka _____ .

4
Am Freitag sehe ich einen Film, der von Disney __ produziert _____ .

5
Am Wochenende besuche ich ein Schloss, das von Ludwig II. _____ .

*Klimt 世紀末ウィーンを代表する画家

 C2 **Sie studieren ein Jahr in München. Was muss man als Student machen? Sprechen Sie.** ミュンヘ
ンでの大学生活や学業に必要な物事は何でしょうか？ 絵に合うように話しましょう。

2-56

例 ein Fahrrad / kaufen
Ein Fahrrad muss gekauft werden.

 muss ... gekauft werden

1

die Vorlesung von
Prof. Neumann / hören

2

ein Tagesmenü / essen

3

eine Monatskarte / kaufen

4

ein Ordner / besorgen

5

das Seminar von
Prof. Steinbach / besuchen

6

eine Fremdsprache / lernen

*besorgen 手に入れる   Fremdsprache 女 外国語

 C3 **Fragen Sie Ihre Partnerin / Ihren Partner.** 休暇の過ごし方をクラスメートに聞き、答えましょう。

2-57

例 ● Im Urlaub möchte ich nach <u>Italien</u> fahren. Was kann ich dort machen?   → S.101
   ▲ <u>In Neapel</u> kann <u>Pizza gegessen</u> werden.

 kann ... gegessen werden

Italien	Deutschland	Frankreich	Österreich	England
in Neapel / Pizza / essen	in Berlin / ein Konzert 中 / besuchen		in Wien / Sachertorte / essen	

*Neapel ナポリ   Sachertorte 女 ザッハートルテ（ウィーン名物のチョコレートケーキ）

D1 **Wie finden Sie das Zimmer? Schön oder nicht schön? Fragen Sie und antworten Sie.** 部屋を片付けたのは誰ですか？ 話しましょう。

 2-58

例　das Zimmer / (nicht) ordentlich / von Peter / auf|räumen
- ● Wie findest du das Zimmer?
- ▲ ~~Ordentlich~~ / Nicht ordentlich.
  Von wem ist das Zimmer aufgeräumt worden?
- ● Von Peter. Das Zimmer ist von Peter aufgeräumt worden.

> 受動態の現在完了形 (Passiv im Perfekt)
>
> Das Zimmer ⎡ist⎤ von Peter aufgeräumt ⎡worden⎤.
>
> 受動態の現在完了形には、完了の助動詞として sein を用います。過去分詞は worden です。

1　das Bad / (nicht) sauber /
　　von Nathalie / putzen

2　das Bett / (nicht) ordentlich /
　　von Thomas / machen

3　das Essen / (nicht) lecker /
　　von Florian / kochen

4　der Garten / (nicht) schön /
　　von Marie / pflegen

*Bett machen ベッドを整える　sauber 清潔な　ordentlich きちんとした

D2 **Mein Lieblingsbuch / –film. Schreiben Sie über Ihr Lieblingsbuch oder Ihren Lieblingsfilm.** あなたの好きな作品（本や映画）について簡単に紹介しましょう。

2-59

例　Mein Lieblingsbuch ist „Bambi". Das Buch ist 1923 von dem österreichischen Schriftsteller Felix Salten geschrieben worden. Im Buch wird das Leben von dem jungen Reh Bambi erzählt. Der Film „Bambi" wurde 1942 von Walt Disney produziert.

*Schriftsteller 男 作家　Reh 中 ノロジカ　erzählen 物語る　produzieren 制作する

Mein Lieblingsbuch / Lieblingsfilm ist ….
Das Buch / Der Film ist … von … geschrieben / gedreht worden.
Im Buch / Film wird … erzählt.　　　　　　　　　　　　　*drehen 映画を撮影する

D3 **Sakura erzählt. Hören Sie. Was ist richtig?** Sakura が話します。音声を聞き、合っていれば richtig に、間違っていれば falsch にチェックを入れましょう。

2-60

		richtig	falsch
1	Salzburg ist nicht Sakuras Lieblingsstadt.	☐	☐
2	Salzburg ist bekannt für Beethoven.	☐	☐
3	Die Oper ist von Richard Strauß komponiert worden.	☐	☐
4	Sakura meint, die Festspiele müssen unbedingt einmal besucht werden.	☐	☐

E1 **Was findet heute in der Stadthalle statt? Ergänzen Sie und sprechen Sie.** 市民会館のホールの予定で
す。過去分詞を書き、予定について話しましょう。　　　　　　　　　　　　　　＊序数はS.57参照

Veranstaltungen（催し）		Partizip Ⅱ（過去分詞）
01.12. So. Konzert	musizieren	musiziert
02.12. Mo. Vortrag	von Goethe reden	__geredet__
03.12. Di. Tanzabend	tanzen	
04.12. Mi. keine Veranstaltung	schließen	
05.12. Do. Liederabend	singen	

1　Am Sonntag wird musiziert.
2　Am Montag ...
3　Am Dienstag ...
4　Am Mittwoch ist die Stadthalle geschlossen.
5　Am Donnerstag ...

自動詞の受動態（Passiv Intransitiv）

　Man tanzt am Dienstagabend. → Es wird am Dienstagabend getanzt.
　　　　　　　　　　　　　　 = Am Dienstagabend wird (es) getanzt.
　　　　　　　　　　　　　（esは文頭以外では省略されることが多いです。）

 E2 **Bis wann ist das Museum geöffnet? Sprechen Sie.** 次の施設の閉館時間について話しましょう。

 2-61

例　● Bis wann ist die Neue Pinakothek 女 geöffnet?
　　▲ Bis 18 Uhr ist sie geöffnet.

1

der Tierpark 男
Tierparkstr. 30
81543 München
Öffnungszeiten :
9-17 Uhr ganzjährig geöffnet

2

das Rathaus 中
Marienplatz 8
80331 München
Öffnungszeiten :
Mo.-Fr. 9.30-19.30 Uhr

3

die Staatsbibliothek 女
Ludwigstraße16
80539 München
Öffnungszeiten :
Mo.-Fr. 10-19 Uhr

＊ganzjährig 年中無休で

動作受動（Vorgangspassiv）：Das Museum wird um 17 Uhr geschlossen.
　　　　　　　　　　　　　　　　その美術館は17時に閉められます。

状態受動（Zustandspassiv）：Das Museum ist heute geschlossen.
　　　　　　　　　　　　　　　　その美術館は今日は閉館しています。

F1 **Lesen Sie die Anzeigen und markieren Sie die Partizipien.** 次の5つの広告を読んで分詞に下線を引き、形容詞語尾を○で囲みましょう。
　　　　　　　　　　　　　　　　　　　　　　　　　　　　　　　　　　　　　　＊形容詞の変化はS.64参照

現在分詞：不定形＋d＝「～している」
kochen → kochen**d** → das kochen**de** Wasser

過去分詞：「～された、～した」
kochen → **ge**koch**t** → ein **ge**koch**tes** Ei

1

Herzlich Willkommen im Café Kaiser. Genießen Sie unser hausgemacht(es) Eis und unsere leckeren Kuchensorten.

2

Möbliertes Zimmer, 40 m², 290€, in 4er WG, frei vom 01.10. bis zum 31.03.

3

Heute im Stadttheater: Wagners „Der fliegende Holländer"

4

Tagesmenü von heute: gebratener Fisch, gemischter Salat und Pommes.

5

Am kommenden Montag ist der Heiligabend. Wir laden Sie zum Weihnachtsgottesdienst in der Michaelskirche ein.

*genießen 味わう　hausgemacht 自家製の　lecker おいしい　Kuchensorten 複 < Kuchensorte 女 ケーキの種類
möbliert 家具付きの　Stadttheater 中 市立劇場　Der fliegende Holländer さまよえるオランダ人　Tagesmenü 中 定食
gebraten < braten 焼く　gemischt < mischen ミックスする　Pommes 複 フライドポテト　Weihnachtsgottesdienst 男
クリスマスミサ　Michaelskirche 女 ミヒャエル教会

 F2 **Was sehen Sie auf dem Bild? Schreiben Sie.** 絵には何が描かれていますか？ 現在分詞に語尾をつけて書きましょう。

weinen　baden　schlafen　lesen　~~spielen~~　singen

Ich sehe ...

1 zwei mit einem Hund ___spielende___ Kinder.

2 einen _____ Vogel.

3 eine _____ Frau.

4 zwei _____ Kinder.

5 einen _____ Vater und

sein _____ Kind.

*weinen 泣く　baden 水浴びする　Vogel 男 鳥

G **Lesen Sie und kreuzen Sie an.** 次の文を読んで、合っていればrichtigに、間違っていればfalschにチェックを入れましょう。

2-62

Dresden ist die Hauptstadt von Sachsen. Zahlreiche Touristen werden von dieser an der Elbe liegenden Stadt angezogen. In der Zeit von August dem Starken wurden viele berühmte Gebäude errichtet. Das Residenzschloss, das Zwinger heißt, wurde auch von ihm gebaut. Es ist eines der bekanntesten Barockbauwerke Deutschlands.

5 In der Nähe des Zwingers steht die Dresdner Frauenkirche. Die Frauenkirche wurde im 18. Jahrhundert vollendet. Während des Zweiten Weltkrieges wurde die Stadt Dresden bombardiert und auch die Dresdner Frauenkirche wurde zerstört. Nach der Wiedervereinigung Deutschlands wurde die Kirche 2005 wieder aufgebaut.

Man darf nicht vergessen, die Semperoper zu erwähnen, wo Wagner arbeitete und seine
10 berühmten Opern „Tannhäuser" und „Der fliegende Holländer" uraufgeführt wurden. Die Semperoper wird auch heute von vielen Musikliebhabern gelobt und natürlich auch besucht.

*Hauptstadt 女 首都・州都　zahlreich 多数の　Elbe 女 エルベ川　liegen 位置する　angezogen < an|ziehen 惹きつける　August der Starke アウグスト強健王　errichtet < errichten 建てる　Residenzschloss 中 居城　Zwinger 男 ツヴィンガー宮殿　bekannt 有名な　Barockbauwerke 複 < Barockbauwerk 中 バロック建築物　Dresdner ドレスデンの　Frauenkirche 女 聖母教会　vollendet < vollenden 完成する　bombardieren 爆撃する　Wiedervereinigung 女 再統一　aufgebaut < auf|bauen 建てる　vergessen 忘れる　erwähnen 言及する　berühmt 有名な　uraufgeführt < urauf|führen 初演する　Musikliebhaber 複 < Musikliebhaber 男 音楽ファン　gelobt < loben 称賛する

		richtig	falsch
1	Dresden liegt an der Donau.	☐	☐
2	Der Zwinger wurde von König Ludwig II. gebaut.	☐	☐
3	Jetzt ist die Frauenkirche restauriert.	☐	☐
4	Die Opern „Tannhäuser" und „Der fliegende Holländer" wurden von Wagner komponiert.	☐	☐

*restauriert < restaurieren 修復する

Phonetik　語アクセント（強勢）（Wortakzent）

ドイツ語は強弱アクセント（強勢）の言語です。語アクセント（強勢）の「強さ」で語の意味を区別します。「強さ」の他に「高さ」や「長さ」も際立ちます。

2-63 **Welches Wort hören Sie?** どちらの単語が聞こえますか。正しい方にチェックを入れましょう。

1 ☐ Vormittag 午前　　　☐ vor Mittag 昼前
2 ☐ übersetzen （対岸へ）渡す　☐ übersetzen 翻訳する
3 ☐ umfahren ひき倒す　　☐ umfahren 周囲をまわる
4 ☐ einfach 簡単な　　　☐ ein Fach 科目
5 ☐ August アウグスト（名前）　☐ August 8月

1 受動態（Passiv）

① 受動態の作り方

Er schreibt einen Roman.（現在形） → Ein Roman wird von ihm geschrieben.
彼は小説を書きます。

↑ 受動の助動詞にはwerdenを使います。 ↑ 過去分詞を文末に置きます。

※動作主を表すときはおもにvon + 3格（〜によって）を使用します。

Man baut hier das Konzerthaus. → Das Konzerthaus wird hier gebaut.
ここにコンサートホールを建てます。

※行為者であるmanは受動文では省略されます。

② 受動態の時制

現在形： Ein Roman wird von ihm geschrieben.

過去形： Ein Roman wurde von ihm geschrieben.

現在完了形： Ein Roman ist von ihm geschrieben worden.

※受動文の現在完了形では、完了の助動詞にseinを用い、受動の助動詞werdenの過去分詞はwordenを使います。

③ 自動詞の受動態

Man tanzt heute Abend. → Es wird heute Abend getanzt.
今晩ダンスします。

= Heute Abend wird (es) getanzt. (esは文頭以外では省略されることが多いです。)

④ 状態受動

werdenのかわりにseinを用いると「〜されている」という受動の状態の表現（状態受動）になります。

Das Museum wird um 17 Uhr geschlossen. 美術館は17時に閉館されます。
（schließen「閉める」の過去分詞）

Das Museum ist heute geschlossen. 美術館は今日閉館されています。

2 分詞（Partizipien）

① 現在分詞

現在分詞は不定詞に-dをつけてつくり、形容詞や副詞のような働きをします。

kochen（沸騰する、ゆでる） → kochend（沸騰している） → das kochende Wasser 沸騰しているお湯

Ich lege die Würste in das kochende Wasser. 私はソーセージを沸騰しているお湯の中に入れます。

② 形容詞や副詞として用いられる過去分詞

過去分詞もまた形容詞や副詞としても用いられます。

Ich esse gern gekochte Eier. 私はゆで卵が好きです。 gekocht = 茹でた（過去分詞）

③ 現在分詞と過去分詞の名詞化

reisen → reisend → ein reisender Mann → ein Reisender
旅行する 旅行している（現在分詞） 一人の旅行している男性 一人の男性旅行者

erwachsen → erwachsen → ein erwachsener Mann → ein Erwachsener
成長する 成長した（過去分詞） 一人の成人した男性 一人の成人男性

Wenn das Wetter schön wäre, könnten wir einen Spaziergang machen.

◄))2-64 **A1** **Was sind Martins und Lindas Träume? Ordnen Sie zu.** Martin と Linda の夢は何ですか。適切な写真を選ん
で下線に書きましょう。

1 Was sind Martins Träume?

① .... Er würde gern jeden Tag ins Kino gehen.

② .... Er würde gern einen Sportwagen kaufen.

③ .... Er würde gern Urlaub am Meer machen.

④ .... Er würde gern bald heiraten und
viele Kinder haben.

a

b

c

d

2 Was sind Lindas Träume?

⑤ .... Sie würde gern ein Haus mit Garten haben.

⑥ .... Im Sommer würde sie gern im Garten grillen.

⑦ .... Sie würde gern viel reisen und
viele Leute kennenlernen.

⑧ .... Sie würde gern Karriere machen.

*Karriere 女 machen キャリアを積む

e

f

g

h

接続法第Ⅱ式：「願望」〜であればよいのに、〜であればなあ

ich / er / sie	würde	
du	würdest	… + 不定形
wir / sie / Sie	würden	

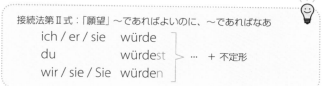

  A2 **Welche Wünsche haben Sie? Markieren Sie die Wünsche in** **A1** **und sprechen Sie.** あなたの夢・
希望は何ですか。**A1** の①-⑧の中から自分の夢・希望に合うものを選び、隣の人と話しましょう。

Welche Wünsche hast du? — Ich würde gern ...und ...

Sie können auch folgende Wörter verwenden. その他の語句も使いましょう。

> ein großes Ferienhaus besitzen 大きな別荘を持つ   Millionär/in werden 大金持ちになる
>
> Astronaut/in werden 宇宙飛行士になる
>
> einen guten Beruf haben   eine Weltreise machen   berühmt werden 有名になる

B1 **Was sind seine / ihre Wünsche? Schreiben Sie.** 1-4 の人の望みは何ですか。選択肢の中から選び、würden + 不定形の文にしましょう。

例 Alina muss für die Prüfung lernen. <u>Sie würde</u> lieber <u>mit Freunden ausgehen</u>.

1 Stefan muss früh aufstehen.

Er würde lieber ....

2 Maria muss mit ihren Eltern ans Meer reisen.

Sie ....

3 Es ist kalt und es schneit.

Ich ....

4 Wir arbeiten bis spät abends im Büro.

Wir ....

> **a** ~~mit Freunden ausgehen~~   **b** gut ausschlafen 十分に寝る   **c** in warme Länder reisen
> **d** in die Berge fahren   **e** Urlaub machen

  B2 **Was würden Sie machen? Sprechen Sie mit Ihrer Partnerin / Ihrem Partner.** あなたが次の職業の人ならどうしますか。隣の人に尋ねましょう。

2-65

Bundeskanzler/in	Fußballspieler/in	Reporter/in	Schriftsteller/in	Pilot/in
für Deutschland arbeiten		viele Interviews machen		viele Länder kennen|lernen

例 ● Was würden Sie machen, wenn Sie <u>Bundeskanzler/in</u> wären?

▲ Ich würde <u>für Deutschland arbeiten</u>.

 → S.101

  B3 **Sprechen Sie.** sein, haben を接続法第 II 式にし、「私も〜なら良いのに」と言いましょう。

2-66

例 ● Ich bin in München.   ▲ Ach, wenn ich auch <u>in München</u> <u>wäre</u>!
　 ● Ich habe eine Katze.   ▲ Ach, wenn ich auch <u>eine Katze</u> <u>hätte</u>!

1 Ich habe ein neues Auto.

2 Ich bin bei meinen Freunden.

3 Ich habe eine Theaterkarte für morgen Abend.

4 Wir sind jetzt mit Emma in Berlin.

5 Wir haben eine schöne Terrasse.

> sein / haben の接続法第 II 式
>
> ich wäre   wir wären
> ich hätte   wir hätten

C1 **Was passt? Ordnen Sie zu.** 左と右の文をつなげましょう。

1 Wenn Simon nicht
im Büro sein müsste, ・

・ **a** hätten wir mehr Freizeit.

2 Wenn wir nicht so viel
arbeiten müssten, ・

・ **b** würdest du nicht so
spät ankommen.

3 Wenn Sie nach Kanada
fliegen könnten, ・

・ **c** dürfte sie auch mit ins Kino gehen.

4 Wenn du schneller fahren dürftest, ・

・ **d** würde er zu Hause sein.

5 Wenn Anja mit ihren Hausaufgaben ・
fertig wäre,

・ **e** könnten Sie die
Niagarafälle besuchen.

*Niagarafälle 複 ナイアガラの滝

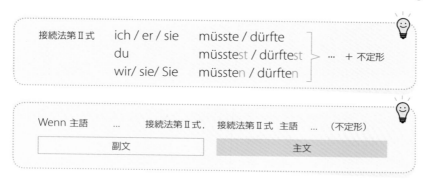

接続法第Ⅱ式　ich / er / sie　müsste / dürfte
　　　　　　　du　　　　　müsstest / dürftest　… ＋ 不定形
　　　　　　　wir/ sie/ Sie　müssten / dürften

Wenn 主語　…　接続法第Ⅱ式, 接続法第Ⅱ式 主語 …（不定形）

| 副文 | 主文 |

C2 **Machen Sie Dialoge.** 会話を完成させましょう。

 2-67

例 ● Was könnten wir machen, wenn das Wetter schön wäre ?
　▲ (einen Spaziergang machen können)
　Wenn das Wetter schön wäre , könnten wir einen Spaziergang machen .

1 ● Was könnten wir machen, wenn wir in New York wären ?
　▲ (viele Musicals besuchen können)
　wenn wir in New York wären , könnten wir …

2 ● Was könntest du machen, wenn du fünf Millionen Euro hättest ?
　▲ (eine kleine Insel kaufen können)
　Wenn ich … …

3 ● Was könntet ihr machen, wenn eure Freunde nach Tokyo kommen würden ?
　▲ (auf den Skytree steigen können)
　Wenn unsere Freunde … …

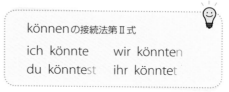

könnenの接続法第Ⅱ式

ich könnte　wir könnten
du könntest　ihr könntet

D1 **Schreiben Sie Sätze mit „sollten".** solltenを使ってアドバイスしましょう。

🔊 2-68

例　● Ich habe Rückenschmerzen. (mehr Sport machen)
　　▲ Du solltest <u>mehr Sport machen</u>.

> sollenの接続法第Ⅱ式　～した方がよい
> du　solltest ⎫
> ihr　solltet　⎬ … + 不定形
> Sie　sollten ⎭

1　Mein Bruder spielt immer nur mit seinem Smartphone.
　 (mit ihm Fußball spielen)

　 Du ....

2　Wir kommen nicht rechtzeitig an. (jetzt euren Freund an|rufen)

　 Ihr ....

3　Ich habe Husten. (Kräutertee trinken)

　 Sie ....

*rechtzeitig 時間通り　Kräutertee 男 ハーブティー

D2 **Ordnen Sie zu. Hören Sie dann die Lösung und sprechen Sie nach.** 選択肢の中から語句を選び、会話を完成させましょう。その後会話を聞いて合っているか確かめ、続いて発音しましょう。

🔊 2-69

Lara :　Hallo, Karina, hast du am Wochenende Zeit?

Karina :　Ja, (　　①　　). Warum?

Lara :　Du, ich habe eine Frage. (　　②　　) ans Meer fahren? Was meinst du?

Karina :　Ans Meer? Ich weiß nicht. (　　③　　). Ich würde lieber in die Berge fahren.

Lara :　(　　④　　) einem Ausflug nach Freiburg? Da könnten wir ein bisschen wandern
　　　　und anschließend Kaffee trinken.

Karina :　Schön! (　　⑤　　). Wir könnten schon am Samstag losfahren und dort
　　　　übernachten.

Lara :　Einverstanden. Ich hole dich um zehn ab.

> **a** Wie wäre es mit ～はどうですか　**b** eigentlich hätte ich Zeit
> **c** Könnten wir am Wochenende　**d** Das wäre doch langweilig　**e** Das wäre super

*einverstanden 了解した

D3 **Hören Sie und nummerieren Sie.** 誰の意見かを聞いて番号を書きましょう。

🔊 2-70

a　(　　)　Annette möchte viele Sprachen lernen.

b　(　　)　Joachim möchte zwei Fremdsprachen lernen.

c　(　　)　Monika möchte nur eine Fremdsprache lernen.

d　(　　)　Simon möchte keine Fremdsprache lernen.

*Weltsprache 女 世界の言語　Muttersprache 女 母語
beherrschen マスターする　genügen 十分である

E1 **Ordnen Sie zu.** 絵と文をつなげましょう。

a

· · **1** Wenn ich mehr Geld <u>gehabt</u> <u>hätte</u>, <u>hätte</u> ich das Bild <u>gekauft</u>.

b

· · **2** Wenn der Zug pünktlich <u>gewesen</u> <u>wäre</u>, <u>hätten</u> wir den Bus nicht <u>verpasst</u>.

*verpasst < verpassen 乗り損ねる

c

· · **3** Wenn es viel <u>geschneit</u> <u>hätte</u>, <u>wären</u> wir Ski <u>gefahren</u>.

*geschneit < schneien 雪が降る

> 接続法第Ⅱ式の過去形
> wäre / hätte (sein / haben の接続法第Ⅱ式) … + 過去分詞

  E2 **Ein neuer Student ist in eine Wohngemeinschaft (WG) eingezogen. Unterstreichen Sie die Verben.** シェアハウスに新しく入居した学生の言ったことを他の人に伝えましょう。動詞に下線を引いて違いを確かめましょう。

Der neue Student sagte:

1 „Ich <u>heiße</u> Sven und komme aus Stockholm."

2 „Ich wohne seit zwei Jahren in Berlin."

3 „Ich studiere Physik."

4 „Ich bin im 2. Studienjahr."

Er fragte uns:

5 „Wie viele Personen sind in der WG?"

6 „Wie lange braucht man bis zur Uni?"

7 „Seid ihr alle Studenten?"

Sie erzählen Ihren Freunden:

→ Er <u>heiße</u> Sven und komme aus Stockholm.

→ Er wohne seit zwei Jahren in Berlin.

→ Er studiere Physik.

→ Er sei im 2. Studienjahr.

Er fragte uns,

→ wie viele Personen in der WG seien.

→ wie lange man bis zur Uni brauche.

→ ob wir alle Studenten seien.

  E3 **Ergänzen Sie die Tabelle.** ____に動詞の語尾を補いましょう。

直説法		間接話法：接続法第Ⅰ式		例外 (sein)
ich	------ e	ich	------ e	sei
er / sie / es	------ t	er / sie / es	------ ___	sei
wir / sie / Sie	------ en	wir / sie / Sie	------ ___	sei___

F **Lesen Sie und ergänzen Sie.** 下線部を補い、メールを他の人に伝えましょう。

1 Martin からの SMS

> Hallo,
> der Zug hat Verspätung.
> Ich bin bald am Bahnhof und
> komme in zehn Minuten an.
> Bis gleich

Martin schreibt, der Zug _____¹ Verspätung.

Er _____² bald am Bahnhof.

Er _____³ in zehn Minuten an.

> | habe | komme | sei |

2 Sabrina からの SMS

> Hallo,
> ich bin in London und
> besuche einen Sprachkurs. Die
> Stadt finde ich sehr schön.
> Heute Abend gehe ich in ein
> Musical.

Sabrina schrieb, sie _____¹ in London und

_____² einen Sprachkurs.

Die Stadt _____³ sie sehr schön.

Am Abend _____⁴ sie in ein Musical.

3 Elena からの SMS

> Hallo,
> ich bin in den Winterferien
> nach Österreich gereist und
> dort Ski gefahren. Ich habe
> Freunde getroffen und Wein
> getrunken.
> Dann bin ich nach Bremen
> zurückgefahren.

Elena schrieb,

sie __*sei*__¹ in den Winterferien nach Österreich

__*gereist*__² und dort Ski _____³

Sie _____⁴ Freunde _____⁵ und

Wein _____⁶ Dann _____⁷ sie

nach Bremen _____⁸.

> 接続法第Ⅰ式（間接話法）の過去
>
> ich / er / sie habe ┐
> ich / er / sie sei ┘ ... + 過去分詞
>
> Ich / Er / Sie habe gegessen.
> Ich / Er / Sie sei gegangen.

📖 **G** **Lesen Sie die Mails und ordnen Sie zu.** テキストの内容に合うものを **a-e** の中から選び、□に入れましょう。

🔊 2-72

1 □

Liebe Emma,

hast du im März Zeit? Ich hätte Lust, in den Osterferien nach Hamburg zu fahren, um mir Schiffe anzusehen. Ich wollte dich fragen, ob du mitkommst. Ich würde mich freuen, wenn du mitkommen könntest.

Viele Grüße

Martin

2 □

Sehr geehrter Herr Zimmermann,

da die Heizung in meiner Wohnung kaputt ist, möchte ich Sie bitten, sie zu reparieren. Könnten Sie es bitte bis morgen erledigen? Ich danke Ihnen im Voraus.

Mit freundlichen Grüßen

Katja Wohl   *Heizung 女 暖房   kaputt 壊れた   erledigen 処理する   im Voraus 前もって

3 □

Hallo zusammen,

wir haben uns lange nicht gesehen. Wollen wir uns diesen Samstag in der „Pizzeria Milano" treffen? Peter komme gerne, hat er gesagt. Bitte schreibt mir, ob ihr Lust und Zeit habt.

Viele Grüße

Silvia   *Pizzeria 女 ピザ店

a Die Zimmer sind kalt.

b Er lädt zu seinem Geburtstag alle seine Freunden ein.

c Er möchte mit seiner Freundin zusammen die Hafenstadt besichtigen.

d Er möchte gern das gleiche Praktikum machen wie seine Freunde.

e Sie möchte einige Freunde aus ihrer Schulzeit treffen.

*Hafenstadt 女 港町

Phonetik 　感情のイントネーション

「喜び」や「驚き」を表すイントネーションでは、文アクセントを高くし、急激に下げて高さの幅を大きくとります。「悲しみ」や「落胆」では高さの幅を抑え、抑揚をあまりつけません。

🔊 2-73 **Welchen Satz hören Sie?** 次の文は「喜び」を表わしますか、それとも「悲しみ・落胆」ですか。

		喜び (Freude)	悲しみ・落胆 (Trauer/ Enttäuschung)
1	Morgen fangen die Sommerferien an!	□	□
2	Schokoladenkuchen!	□	□
3	Es schneit wieder!	□	□

1　接続法第Ⅱ式：非現実話法（Konjunktiv Ⅱ : Irreale Konditionalsätze）

「もし～だったら、～なのに」のように非現実の事柄を表するときに用います。前提部（wenn で始まる文）「もし～だったら」と、結論部「～なのに」からなります。

Wenn ich Zeit <u>hätte</u>, <u>würde</u> ich nach Deutschland reisen.　もし時間があればドイツに旅行するのに。

前提部（副文）	結論部（主文）

（sein, haben, werden, 話法の助動詞以外は、「würde（werden の接続法第Ⅱ式）＋不定形」に置き換えられることが多いです。）

・結論部の独立：wenn から始まる前提部を省略し、結論部を独立させて希望・願望を表わすことができます。

Ich <u>würde</u> gern Urlaub machen.　私は休暇をとりたい。

・前提部の独立：wenn から始まる前提部を独立させて希望・願望を表わすことができます。wenn は省略して定動詞を文頭に置くこともできます。

Wenn ich mehr Zeit <u>hätte</u>!　<u>Hätte</u> ich mehr Zeit!　もっと時間があればなあ。

・話法の助動詞の接続法第Ⅱ式の人称変化：

不定形		sollen	müssen	dürfen	wollen	mögen
第Ⅱ式基本形		sollte	müsste	dürfte	wollte	möchte
ich	-	sollte	müsste	dürfte	wollte	möchte
du	-st	solltest	müsstest	dürftest	wolltest	möchtest
er / sie / es	-	sollte	müsste	dürfte	wollte	möchte
wir	-n	sollten	müssten	dürften	wollten	möchten
ihr	-t	solltet	müsstet	dürftet	wolltet	möchtet
sie / Sie	-n	sollten	müssten	dürften	wollten	möchten

（sein, haben, werden, können の接続法第Ⅱ式の人称変化は第6課参照）

・接続法第Ⅱ式の過去形は、sein / haben を接続法第Ⅱ式にし、過去分詞を文末に置きます。

wäre / hätte（sein / haben の接続法第Ⅱ式）… ＋ 過去分詞

Wenn ich mehr Geld <u>gehabt</u> <u>hätte</u>, <u>hätte</u> ich das Bild <u>gekauft</u>.
もし私にもっとお金があればその絵を買っただろうに。

2　接続法第Ⅰ式（Konjunktiv Ⅰ）

間接話法：他の人の言ったことを引用するときに使われます。動詞の語幹に接続法の語尾をつけます。sein の活用は例外です。

現在形

ich / er / sie / es	- e	habe	werde	komme	könne	sei
du	- est	habest	werdest	kommest	könnest	sei(e)st
ihr	- et	habet	werdet	kommet	könnet	seiet
wir / sie / Sie	- en	haben	werden	kommen	können	seien

過去形：sei / habe（sein / haben の接続法第Ⅰ式）… ＋ 過去分詞

接続法第Ⅰ式が直説法と同じ形になるときは、接続法第Ⅱ式が使われます。　Sie haben → Sie hätten

直説法：　Mein Freund sagt: „Ich <u>habe</u> London schon <u>besucht</u> und jetzt <u>bin</u> ich in Berlin."

間接話法：　Mein Freund sagt, er <u>habe</u> London schon <u>besucht</u> und jetzt <u>sei</u> er in Berlin.

ペアで行う課題

Lektion 1 → S.4

Fragen Sie Ihre Partnerin / Ihren Partner. それぞれの人物が、休暇中何をするつもりだったのに、何をしなくてはならなかったのか、尋ね合いましょう。

	wollte(n)	musste(n)
Herr Müller	nach Italien fahren	in Deutschland bleiben
Johanna	viele Bücher lesen	viel jobben
Florian		
Herr und Frau Bauer	in einem Ferienhaus wohnen	in einem Hotel wohnen

● Was hat(/ haben) Herr Müller im Urlaub gemacht?
▲ Er(/ Sie) wollte(/ wollten) nach Italien fahren, aber er(/ sie) musste(/ mussten) in Deutschland bleiben.

Lektion 2  → S.14

Was wollen die Personen? Sprechen Sie mit Ihrer Partnerin / Ihrem Partner. 次の人たちが買いたいと思っているものを話しましょう。

例 ● Welchen Mantel will Herr Braun kaufen?　▲ Diesen Mantel, den Regenmantel.

Herr Braun Mantel 男	Opa Hose 女	Sophie Kleid 中	Alex Tasche 女	Frau Bach Schuhe 複	Oma Hut 男
Regenmantel		Abendkleid		Tennisschuhe	

Lektion 3  → S.19

Sprechen Sie mit Ihrer Partnerin / Ihrem Partner. Was machte er / sie früher gern? Und was macht er / sie jetzt? 以前は何をするのが好きでしたか。今は何をしていますか。質問して答えましょう。

	Michael	Elena	Daniel	Bernd	Monika
früher	Fußball spielen		malen		Sport machen
heute	Fußballspieler	Tanzlehrerin		Reiseleiter	

例 ● Was machte Michael früher gern?
▲ Er spielte gern Fußball. Was macht er heute?
● Heute ist er Fußballspieler.

Lektion 4 → S. 29

 E1 **Was haben die Personen in dieser Woche gemacht? Fragen Sie Ihre Partnerin / Ihren Partner.**
それぞれの人物が今週何をしたか尋ねましょう。

1-48

例 ● Was <u>hat</u> Christian <u>am Montag</u> gemacht?

▲ <u>Er hat sein Zimmer aufgeräumt</u>.

	am Montag	am Mittwoch	am Wochenende
Christian	sein Zimmer aufgeräumt		ausgeschlafen
Laura		ihren Freund Mark angerufen	
Herr und Frau Koch	im Kaufhaus eingekauft		eine Ausstellung besucht

*ab|geben 提出する   aus|schlafen ぐっすり眠る   Tiere 複 < Tier 中 動物

Lektion 5 → S. 36

 D3 **Worüber haben sich die Personen gefreut? Fragen Sie Ihre Partnerin / Ihren Partner.**
次の人たちが何のことを喜んだか話しましょう。

1-57

> was + über = worüber

例 ● Worüber <u>hat</u>(/ haben) sich Anja(/ Masato und Hiroki) gefreut?

▲ <u>Anja (/ Masato und Hiroki) hat (/ haben)</u> sich über <u>das Geburtstagsgeschenk</u> gefreut.

Anja	Florian	Klara	Masato und Hiroki	Shota und Aoi
das Geburtstags- geschenk	das Tennisspiel		die Bücher	

 → S. 38

 F1 **Worüber unterhalten sich die Personen oft? Fragen Sie Ihre Partnerin / Ihren Partner.** 次の人た
ちは何についてよく話していますか。話しましょう。

1-59

例 ● Worüber unterhält sich <u>Sayaka</u> (/ Taro) oft mit <u>ihren</u> (/ seinen) Freunden?

▲ <u>Sie</u> (/ Er) unterhält sich oft über <u>Mode und Kleidung</u>.

Sayaka	Taro	Erika	Stefan	Heidi	Daiki
Mode und Kleidung	Baseball		klassische Musik		Berufe und Arbeit

*Kleidung 女 衣服   Ausland 中 外国   Umwelt 女 環境

Lektion 6  → S. 43

  Sprechen Sie mit Ihrer Partnerin / Ihrem Partner. Wolfgang, Beate, Boris, Lisa, Jan に命令形を使ってアドバイスしましょう。

Wolfgang	Beate	Boris	Lisa	Jan
Kopfschmerzen haben		nicht gut Englisch sprechen		jetzt Hunger haben
eine Tablette nehmen	deinen Lehrer fragen		nicht nervös sein/ Bücher lesen	

🔊 1-67

 ● Was ist denn los mit dir, <u>Wolfgang</u>? Hast du ein Problem?

▲ Ja, ich <u>habe Kopfschmerzen</u>.

● Dann <u>nimm doch eine Tablette</u>!

> 不規則動詞と sein の du の命令形
> nehmen: (du) Nimm!　lesen: (du) Lies!
> essen:　 (du) Iss!　 sein:　(du) Sei!

Lektion 7  → S. 50

  Was machen die Personen in den Ferien? Sprechen Sie mit Ihrer Partnerin / Ihrem Partner. それぞれの人物は休暇中に何をするか尋ねましょう。

🔊 2-03

 ● Was <u>macht</u> Enrico in den Ferien / im Urlaub?　▲ <u>Er fährt nach Deutschland</u>.

● Warum?　　　　　　　　　　　　　　　▲ Weil <u>er Deutsch lernen möchte</u>.

Name	Was?	Warum?
Enrico	nach Deutschland fahren	Er möchte Deutsch lernen.
Herr Heinemann		
Tanja	ein Praktikum machen	Sie möchte einen guten Arbeitsplatz finden.
Familie Steinbach		
Herr und Frau Seidel	in die Berge fahren	Sie möchten wandern.
ich		
meine Partnerin / mein Partner		

*Ferien 複 (学生の) 長期休暇　Urlaub 男 (勤め人の) 休暇

Lektion 8 → S.62

 F3 **Wann finden die Schulveranstaltungen statt? Fragen Sie Ihre Parterin / Ihren Partner.** 行事の
日程を聞いて答えましょう。

die Klassenfahrt	das Musikfest	die Prüfungen 複	die Winter-ferien 複	die Sommer-ferien 複
20.-24. Mai		4. - 7. Juli		20. Juli - 31. August

2-28

例 ● Wann <u>ist</u> <u>die Klassenfahrt</u>?

　　▲ <u>Vom zwanzigsten</u>
　　　<u>bis zum vierundzwanzigsten Mai</u>.

> 4. Juli-9. Juli: vom vier**ten** Juli bis zum neun**ten** Juli.
> 7月4日から7月9日まで

Lektion 9  → S.67

  Sprechen Sie mit Ihrer Partnerin / Ihrem Partner. StefanとNoahについて質問しましょう。

2-35

	auf|stehen	Größe (groß)	Schlafdauer	50-Meter-Lauf
Stefan	6 Uhr	1,82 m		8 Sekunden
Noah	7 Uhr		8 Stunden	

1　● Wann steht <u>Stefan</u> auf?　　▲ <u>Stefan</u> steht <u>um sechs Uhr</u> auf.
　　● Wann steht <u>Noah</u> auf?　　▲ <u>Noah</u> steht <u>um sieben Uhr</u> auf.

　　Größe　　　　Wie groß ist <u>Stefan / Noah</u>? — <u>Stefan / Noah</u> <u>ist ... Meter ... groß</u>.
　　Schlafdauer　Wie lange schläft <u>Stefan / Noah</u>? — <u>Stefan / Noah</u> <u>schläft ... Stunden</u>.
　　50-Meter-Lauf　Wie schnell läuft <u>Stefan / Noah</u>?
　　　　　　　　— <u>Stefan / Noah</u> <u>läuft 50 Meter in ... Sekunden</u>.

2　**Vergleichen Sie Stefan und Noah.** 完成した表をもとに比較しましょう。
　　auf\|stehen　　Stefan steht <u>früher auf als</u> Noah.　　　Größe　　　　　<u>... ist größer als ...</u>
　　Schlafdauer　<u>... schläft länger als ...</u>　　　　　　50-Meter-Lauf　<u>... läuft schneller als ...</u>

Lektion 10 → S. 75

 C3

Wie heißen die Personen? Fragen Sie Ihre Partnerin / Ihren Partner. 以下の1と2で、2つの文を関係
代名詞を使って1つの疑問文にして、名前がわからない人物の名前を尋ねましょう。

2-45

Frau Neumann
Herr Neumann
3
1
4
2
Katrin

例 Wer ist die alte Frau? Die Frau trägt eine Brille.
→ ● Wer ist die alte Frau , **die** eine Brille trägt?
  ▲ Das ist <u>Frau Neumann</u>.

Antworten

1 ▲ Das ist ....
2 ▲ Das ist ....

Fragen

3 Wer ist der junge Mann? Der Mann trinkt Kaffee.
→ ● .... ?

4 Wie heißen die Kinder?
Die Kinder spielen mit einem Hund.
→ ● .... ?

Lektion 11 → S. 83

 C3

Fragen Sie Ihre Partnerin / Ihren Partner. 休暇の過ごし方をクラスメートに聞き、答えましょう。

2-57

例 ● Im Urlaub möchte ich nach <u>Italien</u> fahren. Was kann ich dort machen?
  ▲ <u>In Neapel</u> kann <u>Pizza gegessen</u> werden.

kann ... <u>gegessen</u> werden

Italien	Deutschland	Frankreich	Österreich	England
in Neapel / Pizza / essen		in Paris / französischer Wein / trinken		in London / Big Ben / besuchen

*Neapel ナポリ　Sachertorte 女 ザッハートルテ（ウィーン名物のチョコレートケーキ）

Lektion 12 → S. 90

 B2

Was würden Sie machen? Sprechen Sie mit Ihrer Partnerin / Ihrem Partner. あなたが次の職業の人
ならどうしますか。隣の人に尋ねましょう。

2-65

Bundeskanzler/in	Fußballspieler/in	Reporter/in	Schriftsteller/in	Pilot/in
für Deutschland arbeiten	viel trainieren		viele Bücher schreiben	

例 ● Was würden Sie machen, wenn Sie <u>Bundeskanzler/in</u> wären?
  ▲ Ich würde <u>für Deutschland arbeiten</u>.

主要不規則動詞変化表

不定詞	直説法現在	過去基本形	接続法第2式	過去分詞
backen (パンなどを)焼く	*du* backst *er* backt	**backte (buk)**	backte (büke)	**gebacken**
befehlen 命令する	*du* befiehlst *er* befiehlt	**befahl**	beföhle	**befohlen**
beginnen 始める，始まる		**begann**	begänne	**begonnen**
bieten 提供する		**bot**	böte	**geboten**
binden 結ぶ		**band**	bände	**gebunden**
bitten たのむ		**bat**	bäte	**gebeten**
bleiben とどまる		**blieb**	bliebe	**geblieben**
braten (肉などを)焼く	*du* brätst *er* brät	**briet**	briete	**gebraten**
brechen 破る，折る	*du* brichst *er* bricht	**brach**	bräche	**gebrochen**
brennen 燃える		**brannte**	brennte	**gebrannt**
bringen 持って来る		**brachte**	brächte	**gebracht**
denken 考える		**dachte**	dächte	**gedacht**
dürfen …してもよい	*ich* darf *du* darfst *er* darf	**durfte**	dürfte	**gedurft (dürfen)**
empfehlen 推薦する	*du* empfiehlst *er* empfiehlt	**empfahl**	empföhle (empfähle)	**empfohlen**
erschrecken 驚く	*du* erschrickst *er* erschrickt	**erschrak**	erschräke	**erschrocken**
essen 食べる	*du* isst *er* isst	**aß**	äße	**gegessen**
fahren (乗物で)行く	*du* fährst *er* fährt	**fuhr**	führe	**gefahren**

不定詞	直説法現在	過去基本形	接続法第2式	過去分詞
fallen 落ちる	*du* fällst *er* fällt	**fiel**	fiele	**gefallen**
fangen 捕える	*du* fängst *er* fängt	**fing**	finge	**gefangen**
finden 見つける		**fand**	fände	**gefunden**
fliegen 飛ぶ		**flog**	flöge	**geflogen**
fliehen 逃げる		**floh**	flöhe	**geflohen**
fließen 流れる		**floss**	flösse	**geflossen**
frieren 凍る		**fror**	fröre	**gefroren**
geben 与える	*du* gibst *er* gibt	**gab**	gäbe	**gegeben**
gehen 行く		**ging**	ginge	**gegangen**
gelingen 成功する		**gelang**	gelänge	**gelungen**
gelten 値する，有効である	*du* giltst *er* gilt	**galt**	gölte	**gegolten**
genießen 享受する，楽しむ		**genoss**	genösse	**genossen**
geschehen 起こる	*es* geschieht	**geschah**	geschähe	**geschehen**
gewinnen 獲得する，勝つ		**gewann**	gewönne	**gewonnen**
graben 掘る	*du* gräbst *er* gräbt	**grub**	grübe	**gegraben**
greifen つかむ		**griff**	griffe	**gegriffen**
haben 持っている	*ich* habe *du* hast *er* hat	**hatte**	hätte	**gehabt**
halten 持って(つかんで)いる	*du* hältst *er* hält	**hielt**	hielte	**gehalten**
hängen 掛かっている		**hing**	hinge	**gehangen**

不定詞	直説法現在	過去基本形	接続法第2式	過去分詞
heben 持ちあげる		**hob**	höbe	**gehoben**
heißen …と呼ばれる		**hieß**	hieße	**geheißen**
helfen 助ける	*du* hilfst *er* hilft	**half**	hülfe	**geholfen**
kennen 知っている		**kannte**	kennte	**gekannt**
kommen 来る		**kam**	käme	**gekommen**
können …できる	*ich* kann *du* kannst *er* kann	**konnte**	könnte	**gekonnt (können)**
laden （荷を）積む	*du* lädst *er* lädt	**lud**	lüde	**geladen**
lassen …させる	*du* lässt *er* lässt	**ließ**	ließe	**gelassen (lassen)**
laufen 走る	*du* läufst *er* läuft	**lief**	liefe	**gelaufen**
leiden 悩む，苦しむ		**litt**	litte	**gelitten**
leihen 貸す，借りる		**lieh**	liehe	**geliehen**
lesen 読む	*du* liest *er* liest	**las**	läse	**gelesen**
liegen 横たわっている		**lag**	läge	**gelegen**
lügen うそをつく		**log**	löge	**gelogen**
messen 測る	*du* misst *er* misst	**maß**	mäße	**gemessen**
mögen …かもしれない	*ich* mag *du* magst *er* mag	**mochte**	möchte	**gemocht (mögen)**
müssen …ねばならない	*ich* muss *du* musst *er* muss	**musste**	müsste	**gemusst (müssen)**
nehmen 取る	*du* nimmst *er* nimmt	**nahm**	nähme	**genommen**

不定詞	直説法現在	過去基本形	接続法第2式	過去分詞
nennen …と呼ぶ		**nannte**	nennte	**genannt**
raten 助言する	*du* rätst *er* rät	**riet**	riete	**geraten**
reißen 引きちぎる	*du* reißt *er* reißt	**riss**	risse	**gerissen**
reiten 馬に乗る.		**ritt**	ritte	**geritten**
rennen 走る		**rannte**	rennte	**gerannt**
rufen 叫ぶ, 呼ぶ		**rief**	riefe	**gerufen**
schaffen 創造する		**schuf**	schüfe	**geschaffen**
scheinen 輝く, 思われる		**schien**	schiene	**geschienen**
schieben 押す		**schob**	schöbe	**geschoben**
schießen 撃つ		**schoss**	schösse	**geschossen**
schlafen 眠る	*du* schläfst *er* schläft	**schlief**	schliefe	**geschlafen**
schlagen 打つ	*du* schlägst *er* schlägt	**schlug**	schlüge	**geschlagen**
schließen 閉じる		**schloss**	schlösse	**geschlossen**
schmelzen 溶ける	*du* schmilzt *er* schmilzt	**schmolz**	schmölze	**geschmolzen**
schneiden 切る		**schnitt**	schnitte	**geschnitten**
schreiben 書く		**schrieb**	schriebe	**geschrieben**
schreien 叫ぶ		**schrie**	schriee	**geschrien**
schweigen 沈黙する		**schwieg**	schwiege	**geschwiegen**
schwimmen 泳ぐ		**schwamm**	schwömme (schwämme)	**geschwommen**

不定詞	直説法現在	過去基本形	接続法第2式	過去分詞
schwinden 消える		**schwand**	schwände	**geschwunden**
sehen 見る	*du* siehst *er* sieht	**sah**	sähe	**gesehen**
sein 在る	*ich* bin　*wir* sind *du* bist　*ihr* seid *er* ist　*sie* sind	**war**	wäre	**gewesen**
singen 歌う		**sang**	sänge	**gesungen**
sinken 沈む		**sank**	sänke	**gesunken**
sitzen 座っている	*du* sitzt *er* sitzt	**saß**	säße	**gesessen**
sollen …すべきである	*ich* soll *du* sollst *er* soll	**sollte**	sollte	**gesollt (sollen)**
sprechen 話す	*du* sprichst *er* spricht	**sprach**	spräche	**gesprochen**
springen 跳ぶ		**sprang**	spränge	**gesprungen**
stechen 刺す	*du* stichst *er* sticht	**stach**	stäche	**gestochen**
stehen 立っている		**stand**	stünde	**gestanden**
stehlen 盗む	*du* stiehlst *er* stiehlt	**stahl**	stähle	**gestohlen**
steigen 登る		**stieg**	stiege	**gestiegen**
sterben 死ぬ	*du* stirbst *er* stirbt	**starb**	stürbe	**gestorben**
stoßen 突く	*du* stößt *er* stößt	**stieß**	stieße	**gestoßen**
streichen なでる		**strich**	striche	**gestrichen**
streiten 争う		**stritt**	stritte	**gestritten**
tragen 運ぶ	*du* trägst *er* trägt	**trug**	trüge	**getragen**

不定詞	直説法現在	過去基本形	接続法第2式	過去分詞
treffen 当たる，会う	*du* trifft *er* trifft	**traf**	träfe	**getroffen**
treiben 追う		**trieb**	triebe	**getrieben**
treten 歩む，踏む	*du* trittst *er* tritt	**trat**	träte	**getreten**
trinken 飲む		**trank**	tränke	**getrunken**
tun する	*ich* tue *du* tust *er* tut	**tat**	täte	**getan**
vergessen 忘れる	*du* vergisst *er* vergisst	**vergaß**	vergäße	**vergessen**
verlieren 失う		**verlor**	verlöre	**verloren**
wachsen 成長する	*du* wächst *er* wächst	**wuchs**	wüchse	**gewachsen**
waschen 洗う	*du* wäsch[e]st *er* wäscht	**wusch**	wüsche	**gewaschen**
werben 得ようと努める	*du* wirbst *er* wirbt	**warb**	würbe	**geworben**
werden （…に）なる	*du* wirst *er* wird	**wurde**	würde	**geworden (worden)**
werfen 投げる	*du* wirfst *er* wirft	**warf**	würfe	**geworfen**
wissen 知っている	*ich* weiß *du* weißt *er* weiß	**wusste**	wüsste	**gewusst**
wollen …しようと思う	*ich* will *du* willst *er* will	**wollte**	wollte	**gewollt (wollen)**
ziehen 引く，移動する		**zog**	zöge	**gezogen**
zwingen 強制する		**zwang**	zwänge	**gezwungen**

シュピッツェ！2
コミュニケーションで学ぶドイツ語

検印
省略

© 2020 年 11 月 30 日　初版発行
2023 年　1 月 10 日　3 刷発行

著　者　　　　　　　　　　　　　　新　倉　真矢子

正　木　晶　子

中　野　有希子

発行者　　　　　　　　　　　　　　原　　雅　　久
発行所　　　　　　　　　　　株式会社　朝 日 出 版 社
〒 101-0065　東京都千代田区西神田 3-3-5
電話 (03) 3239-0271 · 72（直通）
振替口座 東京 00140-2-46008
http://www.asahipress.com
欧友社／図書印刷

乱丁・落丁本はお取り替えいたします。
ISBN978-4-255-25439-5　C1084

Mayako Niikura
Akiko Masaki
Yukiko Nakano

Arbeitsbuch・教科書
単語集

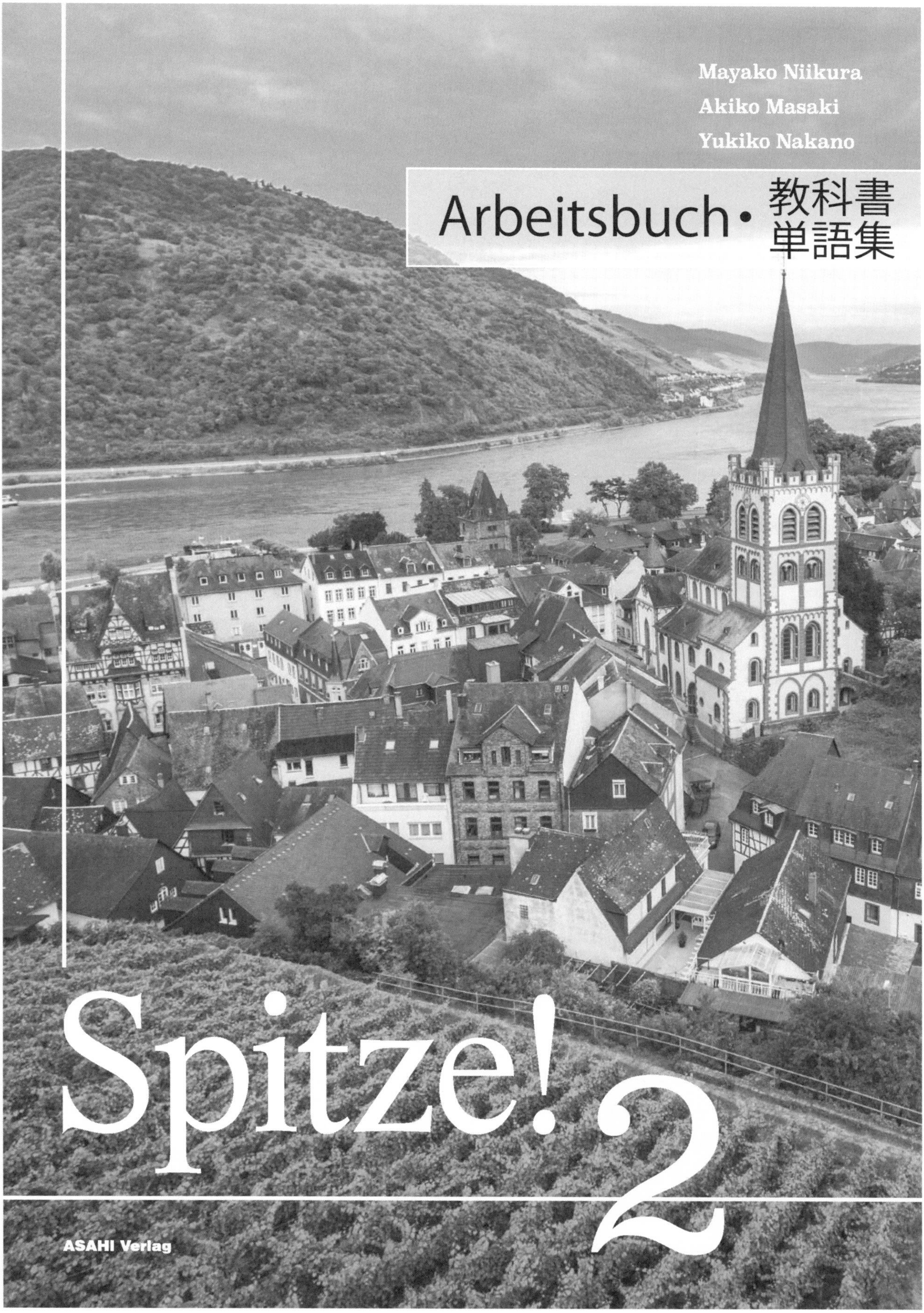

Spitze! 2

ASAHI Verlag

Lektion 1

1. Ergänzen Sie die Körperteile.　空欄に例にならって冠詞付きで体の部位を入れましょう。

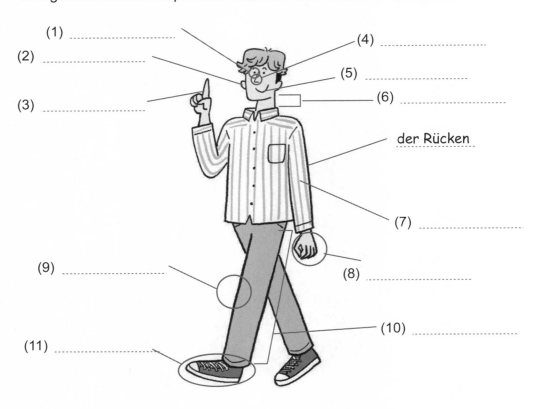

(1) ....
(2) ....
(3) ....
(4) ....
(5) ....
(6) ....

der Rücken

(7) ....
(8) ....
(9) ....
(10) ....
(11) ....

2. Wie lautet der Plural?　以下の単語を複数形にしましょう。

例　das Haar – die　__Haare__

(1) das Auge　– die ....
(2) das Ohr　– die ....
(3) der Zahn　– die ....
(4) der Arm　– die ....
(5) die Hand　– die ....
(6) der Finger – die ....
(7) das Bein　– die ....
(8) der Fuß　– die ....

3. Schreiben Sie die Sätze um.　以下の表現を動詞 weh|tun を使って言いかえましょう。

例　Ich habe Kopfschmerzen. → __Mein Kopf tut weh.__

(1) Ich habe Halsschmerzen. → Mein ....

(2) Herr Bach hat Bauchschmerzen. → Sein ....

(3) Frau Roth hat Rückenschmerzen. → ....

(4) Michael hat Zahnschmerzen. → ....

(5) Melanie und Thomas haben Ohrenschmerzen.

→ .... Ohren ....

4. Wie lebte Jan vor 20 Jahren? Wie lebt er heute? Ergänzen Sie „sein" oder „haben" in der richtigen Form. Jan は 20 年前と現在とでどのように変わったでしょう。sein か haben を正しい形にして書きましょう。

Vor 20 Jahren		Jetzt	
(1a) _war_	Jan 18 Jahre alt.	(1b) _____	er 38 Jahre alt.
(2a) _____	seine Haare lang.	(2b) _____	seine Haare kurz.
(3a) _____	er nur ein Fahrrad.	(3b) _____	er ein Auto.
(4a) _____	seine Wohnung klein.	(4b) _____	er ein Haus mit Garten.
(5a) _____	er keine Freundin.	(5b) _____	er eine schöne Frau.

5. Ergänzen Sie „sein" oder „haben" im Präteritum.　sein か haben を過去形にして書きましょう。

(1)○ Herr Klein, ich habe Sie letzte Woche nicht gesehen. Wo __waren__ Sie?

　　△ Ach, ich _____ die ganze Woche zu Hause. Ich _____ Grippe.

　　　　　　　　　　　*letzte Woche 先週　　die ganze Woche 一週間の間ずっと

(2)□ Hallo, Martin und Jana. Wo _____ ihr am Wochenende?

　　◇ Wir _____ auf dem Land. Das Wetter _____ schön und wir

　　haben ein Picknick gemacht.　　　　　　*auf dem Land 田舎に

(3)▽ _____ Sie im Urlaub, Frau Schmidt? Sie sehen sehr gut aus.

　　◇ Mein Mann und ich _____ in Sizilien. Das Essen _____ gut

　　und wir _____ viel Sonne.　　　　*Sizilien 地名 シチリア

6. Ergänzen Sie die Verben und die Modalverben im Präteritum. カッコ内の動詞・話法の助動詞を過去形にして入れましょう。

(1) Als Kind _____ Martin Astronaut werden, aber er _____

　　Journalist.　　　　　　　　　　　(wollen / werden)

(2) Mit 15 _____ ich nicht so gut Englisch, aber jetzt lebe ich in England.

　　　　　　　　　　　　　　　　　　(können)

(3) Am Wochenende _____ wir für einen Deutschtest lernen und

　　_____ nicht ins Kino gehen.　　(müssen / können)

(4) Gestern _____ Annette im Bett bleiben, aber sie _____

　　tanzen gehen.　　　　　　　　　(sollen / wollen)

(5) _____ ihr als Kind lange Computerspiele spielen?

　　– Ja, aber wir _____ zuerst Hausaufgaben machen.

　　　　　　　　　　　　　　　　　　(dürfen / müssen)

7. Ergänzen Sie die Genitivendungen. 空欄に冠詞の語尾を補いましょう。

(1) Der Computer mein........ Bruders funktioniert super.

(2) Der Mann mein........ Schwester kommt aus Finnland.

(3) Die Wohnung unser........ Großeltern ist sehr gemütlich. *gemütlich 居心地がいい

(4) Die Firma sein........ Vaters ist sehr groß. *Firma 女会社

(5) Der Sportwagen mein........ Onkels fährt sehr schnell.

(6) Die Tasche Ihr........ Mutter finde ich sehr schick.

(7) Trotz d........ Kälte machen sie einen Spaziergang. *Kälte 女 寒さ

(8) Während d........ Sommerferien hat sie ein Praktikum gemacht.

*Sommerferien 複 夏休み

(9) Wegen d........ Erkältung unser........ Kindes konnten wir nicht zur Party kommen. *Erkältung 女 風邪

8. Schreiben Sie Sätze. 日本語に合うように、単語を正しい形にして並べかえ、文を作りましょう。

(1) 昨晩から、私は熱と咳が出ています。

seit / gestern Abend / ich / Fieber / Husten / und / haben / .

----

(2) 13歳の時、私は一人で映画に行くのを許されませんでした。

mit 13 / ich / nicht / allein / ins Kino / gehen / dürfen / .

----

(3) 子供の頃、私は泳げませんでした。

als Kind / ich / nicht / schwimmen / können / .

----

(4) 旅行の間中、天気が悪かったです。

während / die Reise / das Wetter / schlecht / sein / .

----

(5) 以前、私たちは犬を一匹飼っていました。

früher / wir / ein Hund / haben / .

----

(6) 私の娘の先生は、とても親切です。

der Lehrer / meine Tochter / sehr nett / sein / .

4

Lektion 2

1. Ergänzen Sie die Tabelle. 表を完成させましょう。

	男性名詞 このコート	女性名詞 このズボン	中性名詞 このシャツ	複数形 これらのズボン
1格	dieser Mantel	diese Hose	dieses Hemd	diese Hosen
2格	.... Mantels	.... Hose	.... Hemd(e)s	.... Hosen
3格	.... Mantel	.... Hose	.... Hemd	.... Hosen
4格	.... Mantel	.... Hose	.... Hemd	.... Hosen

2. Schreiben Sie die Sätze um. 例にならって書き換えましょう。

例　Dieser Mantel gefällt mir.　　→　Diesen Mantel finde ich schön.

Welcher Mantel gefällt dir?　　→　Welchen Mantel findest du schön?

(1)　Diese Hose gefällt mir.　→

(2)　Dieser Hut gefällt mir.　→

(3)　Welches Kleid gefällt dir?　→

(4)　Diese Tennisschuhe gefallen mir.　→

(5)　Welcher Pullover gefällt dir?　→

(6)　Diese Kawatte gefällt mir.　→

(7)　Welche Handschuhe gefallen dir?　→

3. Ergänzen Sie. welch-, dies- を適切なかたちにして入れましょう。

(1)　Dies........ Anzug gefällt mir. Ich nehme dies........ Anzug.

(2)　Welch........ Suppe isst du? – Ich esse dies........ Suppe.

(3)　Mit welch........ Zug fahren wir nach Kyoto? – Mit dies........ Zug.

(4)　Welch........ U-Bahn Linie fährt zur Universität? – Dies........ Linie, die U3.

(5)　Welch........ Hut willst du kaufen? – Dies........ Hut, den Strohhut.

(6)　Wie gefällt Ihnen dies........ Kleid hier?

(7)　Gefällt dir dies........ Fahrrad? – Ja, ich finde es toll.

(8)　Wem gehört dies........ Kuli? – Er gehört Joachim.

4. Schreiben Sie Sätze. 単語を並びかえて文を正しく書きましょう。

(1) welch- / Computer / praktisch / Sie / finden / ?

    ----

(2) ich / dies- / Computer / finden / praktisch / .

    ----

(3) welch- / Socken / gefallen / dir / ?　[現在完了形]

    ----

(4) dies- / Socken / gefallen / mir / .　[現在完了形]

    ----

(5) welch- / Städte / Sie / möchten / in Deutschland / besuchen / ?

    ----

(6) mit / welch- / Flugzeug / in die Schweiz / Sie / fahren / ?

    ----

(7) mit / welch- / Anzug / du / gehen / zur Arbeit / ?

    ----

(8) welch- / Auto / du / kaufen / wollen / ?

    ----

(9) ich / dies- / Auto / kaufen / wollen / .

    ----

5. Ergänzen Sie die Endungen. 副詞の役割をする4格を入れましょう。

(1) Wir wollen dies_____ Wochenende nach Berlin fahren.

(2) Jed_____ Tag spielt Klara Klavier.

(3) Hast du dies_____ Sonntag Zeit?

(4) Dies_____ Woche haben wir viele Prüfungen.

(5) Ich halte dies_____ Donnerstag ein Referat.

(6) Jed_____ Wochenende spielen meine Söhne Fußball.

(7) Meine Großeltern besuchen jed_____ Jahr Deutschland.

(8) Jed_____ Sommer wandern wir in den Bergen.

(9) Mami hat jed_____ Mittwoch Deutschunterricht.

(10) Maika studiert dies_____ Jahr in Frankfurt Soziologie.

6. Was ist richtig? Kreuzen Sie an. 正しい方にチェックを入れましょう。

例 (☐Welcher ☒Welchen) Zug nehmen wir?

(1) (☐Dieses ☐Dieser) Kleid in Rot gefällt mir. Ich nehme es.

(2) (☐Diesem ☐Diesen) Sommer will ich nach Österreich fahren.

(3) Hast du (☐dieses ☐diesen) Wochenende Zeit?

(4) Mit (☐welcher ☐welchem) Bus fahren wir nach Rothenburg?

(5) (☐Welcher ☐Welche) Handschuhe möchtest du kaufen?

(6) (☐Jede ☐Jeden) Tag lerne ich Englisch.

(7) Ich fahre (☐jeder ☐jeden) Sommer nach Hamburg aber (☐dieses ☐diesen) Sommer kann ich leider nicht.

(8) Mit (☐welcher ☐welchem) Linie fährt er zur Uni?

7. Schreiben Sie Sätze. 使役の助動詞 lassen を補って書きましょう。

(1) Ich bin krank und habe Fieber. [ich / meine Familie / Medikamente / besorgen].

   Ich lasse _____ .

(2) Die Mutter arbeitet jetzt zu Hause. Sie [ihren Mann / Milch für das Baby / kaufen].

   Sie lässt _____ .

(3) Wir möchten eine Party geben. [wir / auf der Party / eine Sängerin / singen].

   _____

(4) Rika ist Ärztin und hat heute Nachtarbeit. [sie / ihre Kinder / das Geschirr / spülen].

   _____

8. Schreiben Sie Sätze. 知覚動詞を使って書きましょう。

(1) Maria ist eine tolle Ballerina. [ich / sehen / sie / heute / tanzen].

    ....

(2) Ich bin jetzt im Park. [ich / hören / jemanden / Trompete / spielen].

    ....

(3) Michaels Sohn ist Mitglied in einer Fußballmannschaft. [Michael / sehen / heute / seinen Sohn / Fußball spielen].

    ....

9. Was passt? Ordnen Sie zu. 意味が通るように2つの文をつなげましょう。

(1) Wir hatten heute Sportfest.   (   )
(2) Wir wanderten am Wochenende in den Bergen. (   )
(3) Wir hatten Hunger und gingen ins Restaurant.   (   )
(4) Wir waren gestern Abend beim Konzert. (   )

a   Wir hörten Vögel singen.
b   Wir ließen eine Speisekarte bringen.
c   Wir sahen unseren Sohn laufen.
d   Wir hörten eine Pianistin Stücke von Bach spielen.
e   Wir sahen einen Tänzer tanzen.

Lektion 3

1. Ergänzen Sie „haben" oder „sein" im Präteritum. 下線部に sein, haben の過去形を
   入れましょう。

(1) Das _____ mein Freund Jan.

(2) Er _____ 1,50 Meter groß.

(3) Er _____ kurze Haare.

(4) Er _____ einen Hund.

(5) Das _____ meine Freundin Steffi.

(6) Sie _____ 1,40 Meter groß.

(7) Sie _____ lange Haare.

(8) Sie _____ einen Hamster.

(9) Jan, Steffi und ich _____ Schüler 複
    am Goethe-Gymnasium.

*Gymnasium 中 ギムナジウム（中・高等学校）

2. Ergänzen Sie die Verben im Präteritum. 質問に答えましょう。

(1) Spielten Sie früher Tennis? – Ja, ich _____ früher Tennis.

(2) Warst du gestern im Kino? – Ja, ich _____ gestern im Kino.

(3) Wolltet ihr Fußball spielen? – Nein, wir _____ Tischtennis spielen.

(4) Gab es hier früher ein Restaurant?

    – Ja, es _____ hier früher ein schönes Restaurant.

(5) Konntet ihr nicht gut tanzen? – Doch, wir _____ sehr gut tanzen.

3. Bilden Sie die Verben im Präteritum. （   ）の動詞を過去形にしましょう。

(1) Früher _____ ich gern.   (tanzen)

(2) Viele Kinder _____ auf der Straße.   (spielen)

(3) Er _____ gern Bilder.   (malen)

(4) Im letzten Sommer _____ Doris nach Österreich.   (reisen)

(5) In den Sommerferien _____ wir viel Sport.   (machen)

4. Ergänzen Sie die Tabelle. 次の規則動詞と不規則動詞の過去形を人称変化させましょう。

不定形		spielen	tanzen	fahren	kommen	wissen
過去基本形		spielte	tanzte	fuhr	kam	wusste
ich	-	spielte			kam	
du	-st					wusstest
er / sie / es	-			fuhr		
wir	-/(e)n		tanzten			
ihr	-t	spieltet				
sie/Sie	-/(e)n	spielten		fuhren		

5. Bilden Sie die Sätze im Präteritum. 次の現在形の文を過去形にしましょう。

(1) Es gibt viele Bäume im Park.

   _____

(2) Er kommt zu uns.

   Gestern _____

(3) Wir fahren um sieben nach Hause.

   _____

(4) In der Stadt sind viele Läden.   *Läden > Laden 男 店

   Vor zehn Jahren _____

(5) Weißt du das?

   _____

6. Ordnen Sie zu. 左の現在形の文を過去形にした文を右から選び、線でつなげましょう。

(1) Er kommt an.   ·   · Sie stieg um.

(2) Wir holen unseren Freund ab. ·   · Er kam an.

(3) Sie steigt um.   ·   · Du kauftest viel ein.

(4) Du kaufst viel ein.   ·   · Sie sahen sich Sehenswürdigkeiten an.

(5) Sie sehen sich Sehenswürdigkeiten an. ·   · Wir holten unseren Freund ab.

                                    *um|steigen 乗り換える

10

7. Ordnen Sie zu. Jens の一日の様子が書かれた文(1)-(7)に合う絵 a-g を選びましょう。

a (　　)   b (　　)   c (　　)   d (1)

e (　　)   f (　　)   g (　　)

(1) Jens ging um 9 Uhr von zu Hause los.

(2) Er stieg in die S-Bahn ein.

(3) Er kam um 10 Uhr in Frankfurt an.

(4) Er besuchte seine Freundin.

(5) Er spielte mit ihr Schach.

(6) Seine Freundin und er sahen sich zusammen einen Film an.

(7) Dann ging er um sieben nach Hause zurück. Denn er musste am nächsten Tag früh aufstehen.

8. Ergänzen Sie die Verben im Präteritum. (　　)の動詞を過去形にしましょう。

(1) Gestern _____ die Züge am Bahnhof Süd Verspätung. (haben)

(2) Alle Fahrgäste _____ am Bahnsteig. (warten)

(3) Nach 40 Minuten _____ ein Zug _____. (an|kommen)

(4) Viele Fahrgäste _____ in den Zug _____. (ein|steigen)

(5) Aber sie (die Fahrgäste) _____ noch warten. (müssen)

(6) Endlich _____ der Zug mit 55 Minuten Verspätung vom Bahnhof _____. (ab|fahren)

*Verspätung 囡 遅延 Fahrgäste>Fahrgast 男 乗客 Bahnsteig 男プラットホーム ab|fahren 出発する

9. Ergänzen Sie „zu" und bilden Sie Sätze. [   ]の動詞に zu (不定詞)を加え、単語を並べ替えて文を完成させましょう。

(1) Er hat keine Zeit, ...
$\qquad$ [ins Kino / gehen]

(2) Hast du Lust, ... ?
$\qquad$ [mit uns / essen / gehen]

(3) Wir haben vor, ...
$\qquad$ [in den Ferien / campen]

(4) Sie brauchen nicht, ...
$\qquad$ [heute / ein|kaufen]

(5) Vergiss nicht, ...
$\qquad$ [in München / um|steigen]

(6) Hast du Zeit, ... ?
$\qquad$ [das Bett / machen]

(7) Hast du heute Zeit, ... ?
$\qquad$ [den Müll / runter|bringen]

(8) Hast du Lust, ... ?
$\qquad$ [mit mir / ins Konzert / gehen]

(9) Hast du Lust, ... ?
$\qquad$ [morgen / spazieren gehen]

10. Ergänzen Sie. 日本語の意味に合うように um (zu), ohne (zu), (an)statt (zu) のいずれかを入れて文を完成させましょう。

(1) Wir gehen ins Café, ... Kaffee und Kuchen zu essen.
私たちはコーヒーとケーキを食べるためにカフェに行く。

(2) Er steht früh auf, ... zu joggen.
彼はジョギングするために早く起きる。

(3) Sie hält Ihre Präsentation, ... sich vorzubereiten.
彼女は何も準備せずに口頭発表をする。

(4) Ich besichtige die Kirche, ... ins Museum zu gehen.
私は博物館に行く代わりに教会に行く。

(5) Wir fahren ans Meer, ... in die Berge zu wandern.
私たちは山に行く代わりに海に行く。

12

Lektion 4

1. Ergänzen Sie.　絵を見ながら空欄に適語を補いましょう。

例　Sie wischt den Boden .

(1)　Er putzt das

　　　..

(2)　Sie kauft

　　　im .... ein.

(3)　Er bringt

den .... raus.

(4)　Sie räumt

das .... auf.

(5)　Er wäscht

die ....

2. Ergänzen Sie die Verben im Partizip II.　次の動詞を過去分詞にしましょう。

(1)　fotografieren - ....

(2)　reparieren - ....

(3)　bekommen　- ....

(4)　verkaufen - ....

(5)　anrufen　　- ....

(6)　einkaufen - ....

3. Formulieren Sie die Sätze um.　以下の文を現在完了形に書きかえましょう。文頭の語は指定されている場合があります。

例　Herr und Frau Schneider besuchen eine Ausstellung.

→ Am Wochenende haben Herr und Frau Schneider eine Ausstellung besucht.

(1)　Herr Roth sieht fern.

→ Am Samstagabend ....

(2)　Frau Klein lädt ihre Nachbarn zum Kaffee ein.

→ Am Sonntag ....

(3)　Jonas telefoniert mit seiner Freundin.

→ Gestern Abend ....

(4)　In München besichtigen wir das Deutsche Museum.

→ In München ....

(5) Studiert Martin an der Uni Informatik?

→ ....?

(6) Kommt Katrin um 9 Uhr nach Hause zurück?

→ ....?

4. Was hat Florian in dieser Woche gemacht? Florian がこの一週間にしたことを作文しましょう。

Mo.	Di.	Mi.	Do.	Fr.	Sa.	So.
für einen Test lernen	den Müll raus|bringen	am Abend fern|sehen	früh auf|stehen	seine Freundin an|rufen	seine Oma besuchen	sein Zimmer auf|räumen

例 Am Montag hat Florian für einen Test gelernt.

Am Dienstag hat er ....

Am Mittwochabend ....

Am Donnerstag ....

....

....

....

5a. Wohin gehen Sie? どのような所へ行くとき、どのような前置詞を使っているか、考えましょう。

Ich gehe ...	向かう場所（の特徴）
zum Arzt zum Bäcker zu Thomas zu Frau Beckmann zum Bahnhof zur Apotheke zur Post	
in den Park in den Zoo in den Wald in die Bäckerei in die Kneipe ins Kino ins Museum ins Theater ins Restaurant ins Café in die Berge	
auf den Markt auf die Insel	
nach Deutschland nach Wien nach Hause	
ans Meer an den Rhein an die Elbe	

例 Im Urlaub fliege ich **auf** eine Insel.

Wir gehen **an** den Strand.

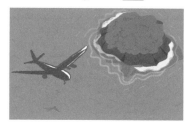

5b. Was ist richtig? Kreuzen Sie an. 正しい方にチェックを入れましょう。

例 In den Sommerferien möchten wir (☒auf　☐in) eine kleine Insel fliegen.

(1) Wohin gehst du? – Ich gehe (☐nach　☐zum) Arzt. Ich habe Fieber.

(2) Mein Zug fährt in 30 Minuten ab!

　　– Komm, ich bringe dich mit meinem Auto (☐in den　☐zum) Bahnhof.

(3) Am Freitagabend gehe ich (☐ins　☐zum) Kino. Jetzt läuft ein toller Actionfilm.

(4) Geht ihr (☐in den　☐an den) Schlosspark?

　　– Ja, wir möchten in dem Park einen Spaziergang machen.

(5) Gehst du schon (☐zu　☐nach) Hause?

　　– Ja, ich muss für einen Test lernen.

(6) Wohin reist du in den Ferien? – Ich fahre (☐in　☐nach) Venedig.

*Venedig 地名 ベニス

6a. Wo sind/waren Sie? どのような場所にいる・いたとき、どのような前置詞を使うでしょう？

Ich bin/war ...	場所（の特徴）
beim Arzt　beim Bäcker　beim Friseur bei Thomas　bei Frau Beckmann	
im Park　im Zoo　im Wald in der Bibliothek　in der Mensa im Museum　im Theater　im Café im Restaurant　in den Bergen	
auf dem Markt　auf dem Campingplatz auf dem Sportplatz　auf einer Insel	

in Deutschland in der Schweiz in Tokyo	
zu Haus(e)	
am See an der Donau am Strand	

6b. Was ist richtig? Kreuzen Sie an. 正しい方にチェックを入れましょう。

(1) Wo warst du?

    – Ich war (☐auf dem   ☐im) Supermarkt. Ich musste noch Joghurt kaufen.

(2) Wo ist dein Auto? – Es ist (☐auf dem   ☐zum) Parkplatz.

(3) Wo warst du, Thomas? Es ist schon 8 Uhr!

    – Ich war (☐bei   ☐zu) meiner Freundin.

(4) Am Samstag grillen wir (☐am   ☐im) See.

(5) Wo wart ihr im letzten Urlaub? – Wir waren (☐im   ☐in) Portugal.

(6) Gestern hatte ich Fieber und war den ganzen Tag (☐beim   ☐zu) Hause.

7. Sehen Sie sich die Bilder an. Was bedeuten die Präpositionen? 絵を見て、下線の引かれた前置詞（と副詞）の意味を考えましょう。また前置詞は何格支配かについても考えましょう。

(1) Die Katze geht **über** die Brücke.   (2) Die Katze geht **über** die Straße.

(3) Das Auto fährt **durch** die Stadt.   (4) Das Auto fährt **durch** den Wald.

(5) Der Zug fährt **am** Fluss **entlang**.

(6) Sie geht **an** einem Hotel **vorbei**.

8. Ergänzen Sie.　選択肢の中から適切な語を補いましょう。

| an ... vorbei | durch | am ... entlang | über | zur |

Unsere Universität liegt in der Stadtmitte, aber ich wohne außerhalb der Stadt.

Jeden Tag fahre ich mit dem Fahrrad

.... (1) Uni.

Zuerst fahre ich .... (2) Fluss

.... (3) .

Dann fahre ich .... (4) die

Brücke und .... (5) einem

schönen Hotel .... (6) .

Etwa fünf Minuten fahre ich

.... (7) die Stadt. Dann bin ich

schon vor der Unibibliothek.

*Universität = Uni 女 大学　außerhalb（~²）の
外側に　Unibibliothek 女 大学の図書館

17

Lektion 5

1. Ergänzen Sie die Tabelle.　再帰代名詞の表を完成させましょう。

	私	君	彼	彼女	それ	私たち	君たち	彼ら	あなた(方)
3格						uns			
4格		dich							sich

2. Was ist richtig? Kreuzen Sie an.　正しい方にチェックを入れましょう。

例　Ich setze (☐mir　☒mich) auf den Stuhl.

(1)　Er badet (☐ihm　☐sich) am Abend.

(2)　Ich wasche (☐mir　☐mich) vor dem Essen die Hände.

(3)　Ich wasche (☐mir　☐mich).

(4)　Duschst du (☐dir　☐dich) am Morgen?

3. Schreiben Sie Sätze.　例にならって書きましょう。

例　Ella / jeden Tag / sich⁴ schminken

　　→ Ella schminkt sich jeden Tag.

(1)　Johann / jeden Abend / sich⁴ baden

----

(2)　wir / vor dem Essen / sich³ die Hände waschen

----

(3)　mein Sohn / nach dem Essen / sich³ die Zähne putzen

----

(4)　Mia / jeden Morgen / sich³ die Haare kämmen

----

(5)　Leon / vor dem Frühstück / sich⁴ duschen

----

(6)　mein Vater / am Morgen / sich⁴ rasieren

----

4. Ergänzen Sie die Verben. 語群からイラストにふさわしい語を選び、文を完成させましょう。

> sich ärgern   sich unterhalten   sich freuen   sich freuen
>
> sich interessieren   sich erinnern   sich fühlen

(1)

Herr und Frau Schwarz

....

an die Reise nach Paris.

(2)

Herr Schneider ....

für Japan.

(3)

Ich ....

auf die Reise in die Schweiz.

(4)

Luis .... wohl im Wald.

(5)

Sophia und Maria

.... im Café.

(6)

Die Kinder ....

über die Geschenke.

(7)

Lea ....

über die schlechte Note ihres
Sohnes.

5. Was ist richtig? Kreuzen Sie an. 正しい方にチェックを入れましょう。

例 Ich interessiere (☐mir ☒mich) (☐auf ☒für) Mode.

(1) Wir ärgern (☐uns ☐euch) (☐für ☐über) die Umweltzerstörung.

(2) Ich habe (☐mir ☐mich) gestern (☐für ☐über) den Lärm meiner Nachbarin beschwert.

(3) Mein Onkel war krank gewesen. Jetzt hat er (☐euch ☐sich) gut erholt.

(4) Erinnerst du (☐dir ☐dich) (☐an ☐auf) unseren Lehrer?

(5) Hast du vor, (☐dir ☐dich) (☐an ☐um) ein Stipendium zu bewerben?

(6) Ich habe (☐mir ☐mich) erkältet.

6. Schreiben Sie Sätze im Perfekt. 現在完了形で書きましょう。

例 Ich wasche mir die Haare. → <u>Ich habe mir die Haare gewaschen.</u>

(1) Ich ziehe mich nach dem Frühstück an.

→ ....

(2) Finn interessiert sich für Fußball.

→ ....

(3) Mila beschäftigt sich mit ihrem Aufsatz.

→ ....

(4) Ich freue mich auf die Sommerferien.

→ ....

(5) Sie erinnert sich gut an das Konzert.

→ ....

7. Antworten Sie. 次の質問に ja で答え、続きの文を書きましょう。

(1) Interessierst du dich für Kunst?

    – Ja, ich ....

(2) Badest du dich jeden Morgen?

    – Ja, ich ....

(3) Freust du dich auf die Sommerferien?

    – Ja, ich ....

(4) Kannst du dich gut in der Bibliothek konzentrieren?

    – Ja, ich ....

(5) Ärgerst du dich oft über Zugverspätungen?

    – Ja, ich ....

(6) Beschäftigst du dich am Abend mit deinem Aufsatz?

    – Ja, ich ....

(7) Erinnerst du dich gut an deine Kindheit?

    – Ja, ich ....

Lektion 6

1. Welches Wort passt nicht? 異なるものが 1 つあります。下線部に書きましょう。

(1) Milch   Käse   Zwiebeln   Joghurt   ....

(2) Bonbons   Kartoffeln   Spargel   Tomaten   ....

(3) Äpfel   Orangen   Bananen   Hähnchen   ....

(4) Cola   Kirschen   Mineralwasser   Bier   ....

(5) Salami   Würstchen   Gummibärchen   Schinken   ....

2. Antworten Sie. 質問に答えましょう。

(1) Was für Gemüse isst du gern?

    – Ich esse gern ....

(2) Was für Süßigkeiten magst du?

    – Ich mag ....

(3) Isst du gern Obstkuchen?

    – Ja, / Nein, ...

(4) Magst du Käsekuchen?

    – ....

(5) Isst du Brot zum Frühstück?

    – ....

3. Aus welchen Wörtern bestehen die folgenden zusammengesetzen Wörter?
次の複合語を 2 つの単語に分け、定冠詞も書きましょう。

例   Fußballplatz   der Fußball + der Platz

(1) der Apfelsaft   .... + ...

(2) die Orangentorte   .... + ...

(3) der Sommertag   .... + ...

(4) der Milchkaffee   .... + ...

(5) der Sportwagen   .... + ...

(6) das Abendbrot   .... + ...

4. Bilden Sie die Imperative. [　]の人に対する命令形の文を書きましょう。

例 [du] meine Kamera nehmen: <u>Nimm meine Kamera!</u>

(1) [Sie] nicht nervös sein: _____ !

(2) [du] Bücher lesen: _____ !

(3) [ihr] euren PC mit|bringen: _____ !

(4) [du] das Fenster auf|machen: _____ !

(5) [Sie] am Seminar teil|nehmen: _____ !

5. Bilden Sie die Imperative. 例のように命令文にしましょう。

例 Soll ich einen Salat machen? (Eiersalat) – <u>Ja, mach bitte einen Eiersalat!</u>

(1) Sollen wir eine Suppe kochen? (eine Kartoffelsuppe) ［ihr の命令形で］
    – Ja, <u>kocht</u> bitte _____ !

(2) Soll ich ein Brot kaufen? (ein Zwiebelbrot) ［du の命令形で］
    – Ja, _____ bitte _____ !

(3) Soll ich Saft kaufen? (einen Orangensaft) ［Sie の命令形で］
    – Ja, _____ bitte _____ !

(4) Sollen wir einen Kuchen backen? (einen Schokoladenkuchen) ［ihr の命令形で］
    – Ja, _____ !

(5) Soll ich eine Pizza machen? (eine Salamipizza) ［du の命令形で］
    – Ja, _____ !

6. Bilden Sie Sätze mit „sollen". sollen を使って聞き返しましょう。

例 Lern die Vokabeln! – <u>Wie bitte? Ich soll die Vokabeln lernen?</u>

(1) Lies das Buch!
    – Wie bitte? Ich _____ ?

(2) Probieren Sie die Currywürste!
    – Wie bitte? Ich _____ ?

(3) Zeigen Sie mir den Weg zum Bahnhof!
    – Wie bitte? Wir _____ Ihnen _____ ?

(4) Machen Sie das Fenster zu!
    – Wie bitte? Wir _____ zumachen ?

(5) Kauft die Getränke ein!
    – Wie bitte? Wir _____ ?

7. Ergänzen Sie die Tabelle. 次の接続法第Ⅱ式の表を完成させましょう。

不定形		können	werden	haben	sein
基本形	語尾	könnte	würde	hätte	wäre
ich	-		würde		
du	-st	könntest			wär(e)st
er/sie/es	-			hätte	
wir	-n				wären
ihr	-t		würdet		wär(e)t
sie/Sie	-n				

8. Ergänzen Sie die Endungen. 下線部に人称語尾を補いましょう。何も入らない場合はxを入れましょう。

(1) Könnte .... Sie mir bitte den Weg zeigen?

(2) Würde .... du bitte die Musik leiser machen?

(3) Wäre .... Sie so nett und die Tür zuzuschließen?

(4) Könnte .... ich bitte Herrn Speier sprechen?

(5) Würde .... Sie mir bitte helfen?

(6) Ich hätte .... gern zwei Stück Brötchen.

(7) Könnte .... ihr mit uns kommen?

(8) Wir wäre .... gern heute bei euch.

9. Was ist richtig? Kreuzen Sie an. 正しい方にチェックを入れましょう。

(1) Ich (☐hätte ☐wäre ☐müsste) gern einen Käsekuchen.

(2) (☐Könnte ☐Könnten ☐Wären) wir noch Wasser bekommen?

(3) (☐Wären ☐Hätten ☐Würden) Sie mit mir tanzen?

(4) (☐Hätten ☐Wären ☐Könntest) Sie so nett, mir zu helfen?

(5) Wir (☐hätte ☐hätten ☐hättet) eine Bitte an Sie.

(6) (☐Würdest ☐Hättest ☐Wärest) du bitte das Fenster öffnen?

(7) Das (☐hätte ☐hätten ☐wäre) besser für ihn.

(8) (☐Würdest ☐Wäre ☐Wärest) du mir bitte das Buch bringen?

10. Formulieren Sie die Sätze mit „könnten" oder „würden" um. könnten, würden
のいずれかを使い、丁寧な言い方にしましょう。

例 (könnten) Fahren Sie langsamer! → <u>Könnten Sie langsamer fahren?</u>

(1) (könnten) Wiederholen Sie! → ....?

(2) (würden) Sprechen Sie noch etwas lauter! → ....?

(3) (könnten) Öffne die Tür! → ....?

(4) (würden) Ruf mich an! → ....?

11. Wer sagt was? Schreiben Sie entweder „G" (Gast) oder „K" (Kellner/in). 次
の文は客とウェーターのどちらのセリフでしょうか。客のセリフにGを、ウェーターのセリフにKを□
に書きましょう。

☐ Könnten wir bitte bestellen?   ☐ Ich hätte gern eine Portion Eis.

☐ Was darf es sein?   ☐ Wir können Ihnen den Fisch empfehlen.

☐ Wir hätten gerne eine Rechnung.   ☐ Könnte ich bitte zahlen?

☐ Einen Moment, bitte. Ich komme sofort.   ☐ Stimmt so.

☐ Könnte ich einen Kartoffelsalat bekommen?

12. Ordnen Sie die Reihenfolge. レストランでの会話を順番に並べ替えましょう。

(1) ☐1 Bitte schön. Was darf es sein?

☐ Möchten Sie dazu Pommes frites oder Salat?

☐ Was könnten Sie uns empfehlen?   *empfehlen 勧める

☐ Fleisch ist immer sehr gut. Heute ist das Steak besonders gut.

☐ Ich möchte ein Mineralwasser bitte.

☐ Pommes frites, bitte.

☐ Dann hätte ich gerne ein Steak.

☐ Gerne. Möchten Sie etwas trinken?

☐ Kommt sofort.

(2) ☐1 Könnte ich bitte zahlen?

☐ Hier bitte. Stimmt so. Ich hätte gern eine Quittung.   *Quittung 女 領収書

☐ Das macht 23,10 Euro bitte.

☐ Gerne. So, bitte schön. Einen schönen Tag wünsche ich Ihnen.

☐ Sie hatten ein Steak mit Pommes und ein Wasser.

Lektion 7

1. „weil" oder „obwohl"? Kreuzen Sie an. weil か obwohl にチェックを入れましょう。

(1) Mein Mann muss im Büro arbeiten, (☐weil ☐obwohl) das Wetter so schön ist.

(2) Wir machen eine Party, (☐weil ☐obwohl) unser Kind Geburtstag hat.

(3) Meine Mutter nimmt eine Tablette, (☐weil ☐obwohl) sie Kopfschmerzen hat.

(4) Christian raucht sehr viel, (☐ weil ☐ obwohl) es nicht gut für die Gesundheit ist.

(5) Ich komme ein bisschen später, (☐weil ☐obwohl) mein Auto kaputt ist.

2. Schreiben Sie Sätze mit „weil" oder „obwohl". 選択肢の中から最も適切な表現を選び、従属の接続詞 weil か obwohl 使って、文を完成させましょう。

Der Zug hatte Verspätung.   Er möchte viel Geld verdienen.

Es ist verboten.   Ich bin müde.

Man kann dort in den Bergen wandern.   Sie kann sehr gut kochen.

例 Ich konnte nicht ins Konzert gehen, **weil** der Zug Verspätung hatte.

(1) Justus arbeitet sehr hart, ...

(2) Herr Becker möchte hier sein Auto parken, ...

(3) Claudia möchte Köchin werden, ...

(4) Ich muss noch für einen Test lernen, ...

(5) Im Urlaub möchte ich in die Schweiz fahren, ...

3. Ergänzen Sie. 空欄に選択肢から適切な従属の接続詞もしくは疑問詞を入れましょう。

---

dass   ob   obwohl   wann   wenn   weil   wie   wie lange

例 Herr Brenner fragt, wie lange der Flug von Tokyo nach Frankfurt dauert.

(1) Ich jogge jeden Morgen, ... ich fit sein möchte.   *fit 体調が良い

(2) Der junge Mann trägt nur ein T-Shirt, ... es sehr kalt ist.

(3) Weißt du, ... die Deutschlehrerin heißt?

(4) Können Sie mir sagen, ... der Zug in Brüssel ankommt?

(5) Ich würde gern wissen, _____ der Zug pünktlich ist. *pünktlich 時間通りの

(6) Es ist toll, _____ du immer so gute Ideen hast.

(7) Meine Oma backt immer Kuchen, _____ sie uns einlädt.

4. Ergänzen Sie. 疑問文を以下の文に埋め込み間接疑問文にしましょう。

例 Wo wohnst du?

  → Peter möchte wissen, <u>wo du wohnst</u>.

(1) Was studiert Heidi?

  → Weißt du, _____?

(2) Wo ist der Hauptbahnhof?   *Hauptbahnhof 男 中央駅

  → Wissen Sie, _____?

(3) Wann fährt der Zug nach Freiburg ab?

  → Ich würde gern wissen, _____.

(4) Hast du ein Auto?

  → Manfred fragt, _____.

5a. Verbinden Sie die Sätze. カッコの従属の接続詞を使って 2 つの文を 1 つにしましょう。

(1) Sie spielen Fußball.   Es regnet.   (obwohl)

----

(2) Felix konnte nicht zur Party kommen.   Er war erkältet.   (weil)

----

(3) Ich war klein.   Ich konnte nicht Fahrrad fahren.   (als)

----

(4) Das Wetter ist schön.   Machen wir eine Radtour!   (wenn)

----

(5) Wir müssen Geld wechseln.   Wir reisen ab.   (bevor ～の前に)

----

(6) Wir waren im Urlaub in Italien.   Wir hatten immer schönes Wetter.

                              (während ～の間に)

----

*erkältet 風邪を引いた   Geld wechseln 両替する   ab|reisen 旅行に出かける

5b. Ergänzen Sie die Präpositionen. 5a の文と同じ意味になるように、空欄に選択肢の中から前置詞を補いましょう。

> als   bei   trotz   vor   während   wegen

(1) .... des Regens spielen sie Fußball.

(2) .... der Erkältung konnte Felix nicht zur Party kommen.

(3) .... Kind konnte ich nicht Fahrrad fahren.

(4) .... schönem Wetter machen wir eine Radtour.

(5) .... der Abreise müssen wir Geld wechseln.

(6) .... unseres Urlaubs in Italien hatten wir immer schönes Wetter.

6. Schreiben Sie Sätze. 日本語に合うように、[　]の中の従属の接続詞を使ってドイツ語の文を作りましょう。単語は参考にしてください。

(1) 私は映画を見に行きたい(ins Kino gehen möchten)のに、レポートを書かなくてはなりません (ein Referat schreiben müssen)。[obwohl]

....

....

(2) Joachim に時間がある(Zeit haben)か、私にはわかりません(nicht wissen)。[ob]

....

(3) Sven は夏に(im Sommer)ドイツ中をサイクリングするつもりなので(eine Radtour durch Deutschland machen wollen)、マウンテンバイクを欲しいと思っています (ein Mountainbike möchten)。[weil]

....

(4) Katrin はお腹がすいていないときは(keinen Hunger haben)、朝食を食べません (nicht frühstücken)。[wenn]

....

(5) Vera と Jonas に赤ちゃんが生まれたこと(ein Baby bekommen)を君は知っている (wissen)？ [dass]

....

....

28

Lektion 8

1. Ergänzen Sie die Tabelle. 形容詞語尾を入れましょう。

1格	(1) kalt<u>er</u> Kaffee 男		(2) heiß<u>es</u> Wasser 中		(3) die groß<u>e</u> Kirche 女	
2格	kalt____	Kaffees	heiß____	Wassers	der groß____	Kirche
3格	kalt____	Kaffee	heiß____	Wasser	der groß____	Kirche
4格	kalt____	Kaffee	heiß____	Wasser	die groß____	Kirche

1格	(4) die schwarz<u>en</u> Schuhe 複		(5) ein süß<u>er</u> Apfel 男		(6) eine klein<u>e</u> Katze 女	
2格	der schwarz____	Schuhe	eines süß____	Apfels	einer klein____	Katze
3格	den schwarz____	Schuhen	einem süß____	Apfel	einer klein____	Katze
4格	die schwarz____	Schuhe	einen süß____	Apfel	eine klein____	Katze

2. Ergänzen Sie die Endungen. 語尾を補いましょう。

(1) Ein glücklich_____ neu_____ Jahr 中!

(2) Herzlich_____ Glückwunsch 男 zum Geburtstag!

(3) Froh_____ Weihnachten 複!

(4) Froh_____ neu_____ Jahr!

(5) Froh_____ Ostern 複!

(6) Gut_____ Rutsch 男 ins neu_____ Jahr!

3. An welchem Tag haben die Personen Geburtstag? Schreiben Sie. 次の人物
の誕生日をドイツ語で書きましょう。

例 Mozart: 1 月 27 日

　　Mozarts Geburtstag ist <u>der siebenundzwanzigste Januar</u>.

(1) Röntgen: 3 月 27 日

　　Röntgens Geburtstag ist _____.

(2) Kafka: 7 月 3 日

　　Kafkas Geburtstag ist _____.

(3) Wagner: 5 月 22 日

　　Wagners Geburtstag ist _____.

4. Sprechen Sie. 声に出して読み、日付を変えて練習しましょう。

例 6 月 1 日

　　○ <u>Bis wann</u> bleibst du in Wien?

　　△ Bis zum <u>ersten Juni.</u>

(1)　3 月 10 日　　(2)　11 月 15 日　　(3)　7 月 29 日　　(4)　2 月 11 日

5. Wann sind Sie geboren? Schreiben Sie. 次の人になって生年月日をつづりましょう。

例 Mila: 2003 年 6 月 10 日

　Ich bin am <u>zehnten sechsten zweitausenddrei</u> geboren.

(1)　Lina: 1999 年 2 月 4 日

　　Ich bin am _____ geboren.

(2)　Leon: 2009 年 8 月 12 日

　　Ich bin am _____ geboren.

(3)　Lea: 1988 年 11 月 9 日

　　Ich bin am _____ geboren.

6. Ergänzen Sie. 空欄を補いましょう。

例 Der blaue Mantel gefällt mir. Ich nehme <u>den blauen</u> Mantel.

(1)　Die schwarze Jacke gefällt mir. Ich nehme _____ Jacke.

(2)　Das weiße Hemd gefällt Leon. Er nimmt _____ Hemd.

(3)　Der braune Mantel gefällt Emilia. Sie nimmt _____ Mantel.

(4)　Die grünen Socken gefallen Emma. Sie nimmt _____ Socken.

7. Ergänzen Sie die Endungen. 形容詞語尾を入れましょう。

(1)　Meine Tochter trägt ein gelb_____ Kleid 中.

(2)　Ich habe einen preiswert_____ Tisch 男 gekauft.

(3)　Sie isst gern süß_____ Schokolade 女.

(4)　Hast du eine gut_____ Idee 女?

(5)　Wo ist das berühmt_____ Theater 中?

(6)　Die blau_____ Handschuhe 複 gehören mir.

(7)　Wir haben groß_____ Hunger 男.

(8)　Die fleißig_____ Studenten 複 kaufen dick_____ Wörterbücher 複.

(9) Wem gehört die schick_____ Jacke 女?

(10) Hast du ihre neu_____ Telefonnummer 女?

(11) Ich möchte diesen deutsch_____ Wein 男 kaufen.

(12) Der jung_____ Frau 女 gefällt der schwarz_____ Mantel 男.

(13) Wir essen gern spanisch_____ Essen 中.

(14) Sein Bruder ist ein bekannt_____ Musiker 男.

8. Ergänzen Sie die Endungen. 時と場所を示す句の形容詞語尾を入れましょう。

(1) Wir gehen heute Abend in ein italienisch_____ Restaurant 中.

(2) Letzt_____ Freitag 男 hatte ich Prüfungen.

(3) Lukas war letzt_____ Sommer 男 in Spanien.

(4) Der Schauspieler wohnt in einem groß_____ Haus 中.

(5) Ich war letzt_____ Jahr 中 oft krank.

(6) In Berlin bin ich in ein groß_____ Theater 中 gegangen.

(7) Letzt_____ Woche 女 hat es viel geregnet.

(8) An dem groß_____ Bahnhof treffen wir unseren Sohn.

9. Schreiben Sie Sätze. 書きましょう。

(1) 私は冷たい(kalt)ビール(Bier 中)を飲みます（trinken)。

_____

(2) その裕福な(reich)女性(Frau)は一台の白い(weiß)ピアノ(Klavier 中)を買います
(kaufen)。

_____

(3) その美しい(schön)絵(Bild 中)をある一人の王様(König 男)が気に入りました
(gefallen haben)。

_____

(4) 私は先週(letzt)の日曜日(Sonntag 男)にある小さな(klein)教会(Kirche 女)を訪れ
ました(besuchen haben)。

_____

10. Ergänzen Sie. 名詞を省略して書きましょう。

例 Ich kenne den kranken Mann. → Ich kenne den Kranken.

(1) Kennst du die reiche Frau? → Kennst du .... ?

(2) Ein kranker Mann besucht einen Arzt.

   → .... besucht einen Arzt.

(3) Die kleinen Kinder singen heute Abend Lieder.

   → .... singen heute Abend Lieder.

(4) Er hilft armen Leuten. → Er hilft ....

(5) Ich besuche in Kobe einen deutschen Mann.

   → Ich besuche in Kobe ....

(6) Er zeigt dem deutschen Mann den Weg zur Kirche.

   → Er zeigt .... den Weg zur Kirche.

(7) Ich besuche kranke Leute. → Ich besuche ....

11. Ergänzen Sie. 地名をあらわす形容詞を入れましょう。(語尾変化しません。)

例 München   Münchener Universität

(1) Berlin   .... Philharmoniker

(2) Wien   .... Schnitzel

(3) Köln   .... Dom

(4) Salzburg   .... Festspiele

(5) Dresden   .... Frauenkirche

Lektion 9

1. Wie heißt das Gegenteil? 反意語を書きましょう。

(1) groß   ⇔ ....

(2) langsam ⇔ ....

(3) leicht   ⇔ ....

(4) dunkel   ⇔ ....

(5) schmal   ⇔ ....

(5) spät   ⇔ ....

(7) kurz   ⇔ ....

2. Vergleichen Sie und ergänzen Sie. 絵を見て比較し、下線部を補いましょう。

例   Mozartstraße   Bachstraße

Die Mozartstraße ist <u>breiter</u> als die Bachstraße.

(1)   Pauls Tasche   Paulas Tasche

Pauls Tasche ist .... als Paulas Tasche.

(2)   Lina   Anke

Lina ist .... als Anke.

(3)   Klaus   Felix

Klaus spricht .... als Felix.

3. Antworten Sie. 質問に答えましょう。

(1) Welche Musik hörst du lieber, Klassik oder Jazz?

    – Ich höre lieber _____ .

(2) Was isst du lieber, Pizza oder Spaghetti?

    – Ich esse lieber _____ .

(3) Welche Sprache möchtest du lieber lernen, Spanisch oder Italienisch?

    – Ich möchte lieber _____ lernen.

(4) Welchen Sport machst du am liebsten, Tennis, Fußball oder Tischtennis?

    – Ich spiele am liebsten _____ .

(5) Welche Stadt gefällt dir am besten, München, Köln oder Berlin?

    – Mir gefällt _____ am besten.

4. Vergleichen Sie und ergänzen Sie. 比較して下線部を補いましょう。

	(1) Alter	(2) Größe	(3) auf|stehen	(4) Schlafdauer	(5) lernen
Fabian	19	1,86 m	6 Uhr	7 Stunden	4 Stunden
Doris	19	1,72 m	7 Uhr	8 Stunden	5 Stunden

(1) Fabian ist genauso _____ wie Doris.

(2) Fabian ist _____ als Doris.

(3) Fabian steht _____ auf als Doris.

(4) Doris schläft _____ als Fabian.

(5) Doris lernt _____ als Fabian.

Und Sie?

(1)' Ich bin _____ als Fabian und Doris.

(2)' Ich bin größer/kleiner als _____ .

(3)' Ich stehe früher/später auf als _____ .

(4)' Ich schlafe länger/kürzer als _____ .

(5)' Ich lerne mehr/weniger als _____ .

Fabian   Doris

5. Ergänzen Sie. (　)の形容詞を原級、比較級、最上級の正しい形にしましょう。

(1) Sie spricht nicht so .... wie Marie.　(laut)

(2) Mein Bruder ist drei Jahre .... als ich.　(jung)

(3) Meine Freundin wohnt am .... von uns entfernt.　(weit)

(4) Anna steht .... auf als Sabine.　(früh)

(5) Er kann .... laufen als ich.　(schnell)

(6) Im Herbst ist der Berg am ....　(schön)

(7) Sebastian spricht .... Spanisch als Italienisch.　(gut)

(8) Das Restaurant öffnet heute .... als gestern.　(spät)

6. Ergänzen Sie. (　)を比較級または最上級にして文を完成させましょう。

| Bundesrepublik Deutschland (356 km²)　Japan (378 km²)　Frankreich (544 km²) |

(1) Japan ist .... als Deutschland.　(groß)

(2) Frankreich ist am ....　(groß)

| Elbe (1094 km)　Rhein (1230 km)　Donau (2860 km) |

(3) Der Rhein ist .... als die Elbe.　(lang)

(4) Die Donau ist am ....　(lang)

| Eiffelturm in Paris (324 m)　Berliner Fernsehturm (368 m)　Tokyo Skytree (634 m) |

(5) Der Berliner Fernsehturm ist .... als der Eiffelturm in Paris.

(hoch)

(6) Der Tokyo Skytree ist am ....　(hoch)

| Fahrrad　Auto　Flugzeug |

(7) Autos fahren .... als Fahrräder.　(schnell)

(8) Flugzeuge sind am ....　(schnell)

7. **Schreiben Sie Sätze.** Peter の好きなもの(+)、より好きなもの(++)、一番好きなもの(+++)を
比べ、比較級、最上級の文を完成させましょう。

(1) Farbe: (mögen gern)　+Weiß　++Blau　+++Schwarz

　　Peter mag lieber ___Blau als Weiß___.

　　Aber am liebsten mag er _____.

(2) Sport: (spielen gut)　+Tennis　++Tischtennis　+++Fußball

　　Er spielt besser _____.

　　Aber am besten spielt er _____.

(3) Sprache: (sprechen gut)　+Japanisch　++Englisch　+++Französisch

　　Er spricht _____.

　　Aber am _____.

(4) Buch: (lesen gern)　+Krimis　++Romane　+++Sachbücher

　　Er liest _____.

　　Aber am _____.

*Sachbücher > Sachbuch 実用書

8. **Ergänzen Sie.** 次の文を読んで下線部に形容詞 alt, gern, groß, klein の比較級または最上級
を補いましょう。

Simon und Stefan sind Freunde. Simon ist 21 Jahre alt und Stefan 20. Die
Schwester von Simon heißt Helena und ist 16 Jahre alt. Helenas Freundin Lotte
ist auch 16. Helena ist 1,70 m groß und Lotte 1,65 m. Simon ist 1,70 m groß und
Stefan 1,85 m.

(1) Simon und Stefan sind _____ als Helena und Lotte.

(2) Simon ist am _____.

(3) Helena ist genauso _____ wie Lotte.

(4) Helena ist _____ als Lotte.

(5) Helena ist genauso _____ wie Simon.

(6) Lotte ist am ___klein___.

(7) Stefan ist am _____.

36

Lektion 10

1. Ergänzen Sie die Tabelle. 関係代名詞の表の空欄を補いましょう。

	男性 maskulin	女性 feminin	中性 neutral	複数形 Plural
Nominativ (1 格)				
Genitiv　(2 格)	dessen	deren	dessen	deren
Dativ　　(3 格)				denen
Akkusativ (4 格)				

2. Ergänzen Sie die Relativpronomen im Nominativ. 空欄に関係代名詞（1 格）を入れましょう。

(1) Lisa hat einen Bruder, _____ im Ausland studiert.
リーザには外国の大学に通っているお兄さんがいます。

(2) Das Kind, _____ auf der Schaukel sitzt, spricht drei Sprachen.
ブランコに座っているその子供は、3 つの言語を話します。　　　　　　*Schaukel 女 ブランコ

(3) Hier sind nicht so viele Kinder, _____ auf der Straße spielen.
ここでは、通りで遊んでいる子供はそんなにたくさんいません。

(4) Ich habe eine Krawatte gekauft, _____ aus Italien kommt.
私はイタリア製のネクタイを買いました。

3. Ergänzen Sie die Relativpronomen im Akkusativ. 空欄に関係代名詞（4 格）を入れましょう。

(1) Die Tasche, _____ mir mein Mann geschenkt hat, war sehr teuer.
夫が私に贈ったバッグは、とても高いものでした。

(2) Wir suchen Bücher, _____ wir unseren Kindern zu Weihnachten
schenken können.
私たちは、子供たちにクリスマスに贈る本を探しています。

(3) Wo ist das Auto, _____ Marco gekauft hat?
マルコが買ったという車はどこにあるの？

(4) Den Mann, _____ du mir gestern vorgestellt hast, finde ich sehr nett.
君が昨日私に紹介してくれた男性を、私はとても感じがいいと思います。　　　*vor|stellen 紹介する

4. Ergänzen Sie die Relativpronomen im Dativ. 空欄に関係代名詞（3 格）を入れましょう。

(1) Die Gäste, _____ das Konzert sehr gut gefallen hat, kommen aus Paris.
そのコンサートがとても気に入ったというお客さんたちは、パリからきました。

(2) Wie heißt die Frau, _____ du gestern geholfen hast?
君が昨日手を貸してあげた女性は、何という名前ですか？

(3) Der Mann, ... der Sportwagen gehört, ist sehr reich.
そのスポーツカーの持ち主の男性はとてもお金持ちです。　　　*gehören ～³のものである

(4) Das Baby, ... du die Socken geschenkt hast, ist sehr süß.
君が靴下をプレゼントしたというその赤ちゃんは、とてもかわいいです。

5. Ergänzen Sie die Relativpronomen im Genitiv. 空欄に関係代名詞（2格）を入れましょう。

(1) Ich habe ein Buch, ... Autorin den Nobelpreis bekommen hat.
私は、著者がノーベル賞を受賞した本を一冊持っています。

(2) Ich suche eine Uhr, ... Armband blau ist.　　*Armband 中 バンド
私は、バンドが青色の時計を探しています。

(3) Das Rathaus hat einen Glockenturm, ... Glockenspiel sehr bekannt ist.
この市庁舎には、仕掛け人形のついた鐘でとても有名な塔があります。

(4) Dort spielen die Kinder, ... Großvater ein großes Hotel besitzt.
あそこで、祖父が大きなホテルを所有しているという子供たちが遊んでいます。　　*besitzen 所有する

6. Was ist richtig? Kreuzen Sie an. 以下の関係代名詞の中から正しいものを選びましょう。

(1) Ich suche den Regenschirm, (☐der　☐den　☐dem) du mir geschenkt hast.

(2) In Kyoto gibt es viele Tempel und Schreine, (☐der　☐das　☐die) von vielen Touristen besucht werden.

(3) In Rothenburg gibt es eine schöne Altstadt, (☐der　☐die　☐den) du einmal besuchen solltest.

(4) Wie heißt die Nachbarin, (☐der　☐die　☐das) du dein Fahrrad geliehen hast?
*geliehen < leihen 貸す

(5) Herr Schuster ist ein Arzt, (☐der　☐den　☐dem) man vertrauen kann.
*vertrauen ～³を信頼する

(6) Siehst du die Kirche dort, (☐dessen　☐deren　☐der) Kuppel türkis ist?
*Kuppel 女 丸屋根　türkis ターコイズブルー（色）の

(7) In dieser Stadt gibt es ein Kloster, (☐dessen　☐deren　☐der) Bibliothek wunderschön ist.
*wunderschön とても美しい

(8) Das ist das Haus, in (☐der　☐dem　☐denen) Beethoven einmal gewohnt hat.

(9) Die Freunde, mit (☐der　☐dem　☐denen) ich oft Fußball spiele, kommen aus Italien.

(10) Hier ist die Aula, in (☐ der   ☐ dem   ☐ denen) viele berühmte Persönlichkeiten Vortäge gehalten haben.

*Aula 女 大講堂   berühmte Persönlichkeiten 複 著名人たち   Vorträge < Vortrag 男 講演

7. Verbinden Sie die Sätze. 日本語に合うように、関係代名詞を使って、2文を1文にしましょう。

(1) 今晩私たちは川沿いにあるレストランで食事をします。

Heute Abend essen wir in einem Restaurant. Das Restaurant liegt am Fluss.

---

(2) クリスティーネは、ボーイフレンドがプレゼントしたネックレスをしています。

Christine trägt eine Kette. Ihr Freund hat ihr die Kette geschenkt.

---

(3) これが、私たちが探していた教室です。

Das ist der Hörsaal. Wir haben den Hörsaal gesucht.

---

(4) 祖母が手入れした花々はとても美しいです。

Die Blumen sind sehr schön. Meine Großmutter hat die Blumen gepflegt.

---

(5) 私には、父親が有名な作曲家であるという友人が一人います。

Ich habe einen Freund. Sein Vater ist ein berühmter Komponist.

---

8. Ergänzen Sie. 空欄に選択肢の中から正しい語を選んで入れましょう。また文の意味を考えましょう。

| in dem | in der | was | wer | wo |

(1) Erinnerst du dich noch an das Hotel, ... wir im letzten Sommer übernachtet haben?

*übernachten 泊まる

(2) In diesem Geschäft gibt es nichts, ... ich kaufen möchte.

*Geschäft 中 店

(3) .... sich für Architektur interessiert, soll dieses Gebäude besuchen.

(4) Kennen Sie das Kloster, ... man Kräutertee kaufen kann?

(5) Das ist die Mensa, ... viele Studenten zu Mittag essen.

Lektion 11

1. Ergänzen Sie die Tabelle. werden の現在形と過去形の人称変化を書きましょう。

現在形		過去形	
ich werde	wir	ich wurde	
du	ihr		
er / sie / es	sie / Sie		

2. Schreiben Sie Partizipien. 過去分詞を書きましょう。

ge-t		ge-en		-t	
bauen		essen		besichtigen	
hören		geben		besuchen	
kaufen		halten		erklären	
lernen		nehmen		komponieren	
malen		schließen		produzieren	
öffnen		schreiben		studieren	
pflegen		singen		verkaufen	
putzen		trinken		zerstören	

3. Ergänzen Sie die Tabelle. 人称代名詞の3格を復習しましょう。

1 格	ich	du	er	sie	es	wir	ihr	sie	Sie
3 格									

4. Ergänzen Sie die Tabelle. 所有冠詞 mein の3格を復習しましょう。

	男性	女性	中性	複数形
1 格	mein Vater	meine Mutter	mein Kind	meine Kinder
3 格	mein_____ Vater	mein_____ Mutter	mein_____ Kind	mein_____ Kindern

5. Schreiben Sie die Sätze um. 受動文に書き換えましょう。

例 Viele Leute besuchen Kyoto. → Kyoto wird von vielen Leuten besucht.

(1) Kinder machen nicht gern Hausaufgaben.

→ ....

(2) Viele Touristen besichtigen das Schloss.

→ ....

(3) Mozart-Fans besuchen oft die Salzburger Festspiele.

→ ....

(4) Feinschmecker essen gern Kaviar.

→ ....

6. Antworten Sie. 答えを受動文で書きましょう。

例 ○Spricht man in Österreich Deutsch?
△Ja, in Österreich wird Deutsch gesprochen.

(1) ○Spricht man in Australien Englisch?
△Ja, in ....

(2) ○Spricht man in Kanada Englisch und Französisch?
△Ja, in ....

(3) ○Trinkt man in Deutschland viel Bier?
△Ja, in ....

(4) ○Isst man in Japan gern Fisch?
△Ja, in ....

7. Schreiben Sie die Sätze im Präteritumform. 過去形で書きましょう。

例 der Brief / seine Schwester / schreiben / .
Der Brief wurde von seiner Schwester geschrieben.

(1) das schöne Bild / meine Schwester / malen / .

----

(2) das große Haus / mein Vater / bauen / .

----

(3) der blaue Mantel / meine Großmutter / kaufen / .

----

8. Schreiben Sie Sätze im Perfekt. 現在完了形で書きましょう。

例 das Auto / mein Bruder / reparieren / .
Das Auto ist von meinem Bruder repariert worden.

(1) das Zimmer / wir / auf|räumen / .

----

(2) die Toilette / er / putzen / .

----

(3) der Schokoladenkuchen / du / backen / ?

----

9. Schreiben Sie. 書きましょう。

例 „Romeo und Julia" / einmal / lesen / müssen
„Romeo und Julia" muss einmal gelesen werden.

(1) viele Konzerte / in Berlin / hören / können / .

----

(2) Mineralwasser / unbedingt / kaufen / müssen / .

----

(3) Weißwürste / in München / essen / können / .

----

10. Fomulieren Sie die Sätze um. 受動態に書き換えましょう。

例 Man singt im Konzert.

<u>Es wird im Konzert gesungen. (Im Konzert wird gesungen.)</u>

(1) Man fährt in Japan links.

....

(2) Man spricht oft über Umweltprobleme.

....

(3) Man tanzt heute Abend.

....

11. „werden" oder „sein"? Ergänzen Sie. werden と sein を正しく現在変化させて入れましょう。

(1) Dieses italienische Restaurant .... heute geöffnet.

(2) Das Museum .... am Montag geschlossen.

(3) Die Bibliothek .... heute um 20 Uhr geschlossen.

12. Ergänzen Sie die Partizipien. 現在分詞を補いましょう。形容詞語尾も正しくつけましょう。

例 Das auf der Bühne <u>tanzende</u> Mädchen ist sehr begabt. (tanzen)

(1) Der im Fluss .... Junge 男 ist mein Sohn. (schwimmen)

(2) Wie findest du den dort .... Hund 男? (laufen)

(3) Kennen Sie das .... Kind 中? (weinen)

13. Formulieren Sie die Sätze aus Aufgabe 12. um. 12.の文を、関係代名詞を用いて書き換えましょう。

例 Das auf der Bühne tanzende Mädchen ist sehr begabt.

→ <u>Das Mädchen, das auf der Bühne tanzt, ist sehr begabt.</u>

(1) ....

(2) ....

(3) ....

Lektion 12

1. Ordnen Sie zu.   Oliver の夢は何ですか。絵に合う文(1)-(4)を選び、a-d の下線部に書きましょう。

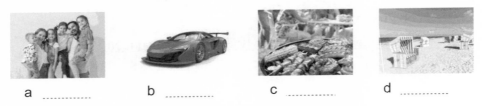

　　a ....   　b ....   　c ....   　d ....

(1)   Oliver würde gern einen Sportwagen kaufen.

(2)   Er würde gern im Garten grillen.

(3)   Er würde gern eine große Familie haben.

(4)   Er würde gern Urlaub am Meer machen.

2. Ergänzen Sie „würden".   werden を接続法第Ⅱ式(würden)に人称変化させましょう。

(1)   Thomas .... gern einen neuen Rucksack kaufen.

(2)   Tanja .... gern ein Ferienhaus haben.

(3)   Viele Leute .... gern im Urlaub ans Meer fahren.

(4)   Wir .... gern zu Hause arbeiten.

(5)   Sie und Ihre Familie .... gern mit Freunden im Garten grillen.

(6)   An deiner Stelle .... ich mitmachen.

(7)   .... du morgen mit uns in die Berge fahren?

(8)   Ihr .... euch hier gut ausruhen.　　　*sich aus|ruhen 休養する

3. Was ist richtig? Kreuzen Sie an. (　　)の中から適切な動詞を１つ選びましょう。

(1)   Heute ist das Wetter schön. Ich (☐würde   ☐wäre   ☐hätte) gern draußen arbeiten.

(2)   Am Sonntag (☐würden   ☐wäre   ☐hätte) Frau Winter gern zu Hause.

(3)   Peters Vater (☐würde   ☐wäre   ☐hätte) Zeit, Fußball zu spielen.

(4)   Carlos Mutter (☐würde   ☐wäre   ☐hätte) gern mit dir kochen.

(5)   Holger und Inge (☐würden   ☐wären   ☐hätten) am Freitag gern eine Party machen.

(6)   Wir (☐würden   ☐wären   ☐hätten) Lust, ins Kino zu gehen.

4. Wählen Sie aus. （　　）の中から適切な動詞を選びましょう。

(1) Wenn ich im Lotto gewinnen (①wäre ②hätte ③würde), (①würde ②hätte ③würden) ich ein großes Haus auf einer Insel kaufen.

(2) Wenn ich heute Zeit (①hätte ②könnte ③wäre), (①müsste ②hätte ③könnte) ich ins Konzert gehen.

(3) Wir haben nur eine Karte. Wir können uns den Film nicht gemeinsam ansehen.

Wenn wir zwei Karten (①wären ②dürften ③hätten), (①hätten ②könnten ③wären) wir uns den Film gemeinsam ansehen.

(4) Peter ist nicht in München. Er kann das Rathaus nicht besuchen.

Wenn Peter in München (①wäre ②wären ③hätte), (①könntet ②könnte ③musste) er das Rathaus besuchen.

(5) Sonja ist nicht hungrig. Wir können nicht ins Restaurant gehen.

Wenn Sonja hungrig (①hätte ②würde ③wäre), (①wären ②könnten ③müssten) wir ins Restaurant gehen.

5. Bilden Sie Sätze. 接続法第Ⅱ式を使い、Wenn で始まる文に書き直しましょう。

例 Ich habe kein Geld. Ich kann kein Auto kaufen.

→ Wenn ich Geld hätte, könnte ich ein Auto kaufen.

(1) Ich habe keine Zeit. Ich kann nicht mitfahren.

→ ....

(2) Mein Computer ist kaputt. Ich kann mein Referat nicht schreiben.

→ ....

(3) Ich komme zu spät. Ich kann nicht am Seminar teilnehmen.

→ ....

(4) Alle Geschäfte sind sonntags zu. Wir können nicht einkaufen.

→ ....

6. Ergänzen Sie „sollten". 接続法第Ⅱ式 sollten を変化させましょう。

(1) Ich habe Fieber. – Du _____ zum Arzt gehen.

(2) Ich interessiere mich für Klimt.

    – Dann _____ du diese Webseite besuchen.

(3) Ihr habt euere Hausaufgaben nicht gemacht!

    – Ihr _____ nicht mit euren Smartphones spielen.

(4) War die Ausstellung gut?

    – Na ja. Sie _____ besser eine andere Ausstellung besuchen.

(5) Wir sind noch nicht fertig. Peter _____ besser etwas später kommen.

7. Ergänzen Sie. (　)の動詞を接続法第Ⅱ式にし、下線部を補いましょう。

(1) Ich hätte das Flugzeug erreicht, wenn der Zug pünktlich gekommen

    _____. (sein)

(2) Ich bin sicher, er _____ das nicht gemacht, wenn er es

    gewusst _____. (haben)

(3) Er _____ ihr etwas Teueres geschenkt, wenn er viel Geld

    gehabt _____. (haben)

(4) Wenn ich mehr Geld hätte, _____ ich im Ausland gewesen. (sein)

(5) Wenn es gestern sonnig gewesen _____, _____ wir

    spazieren gegangen. (sein)

8. Ergänzen Sie. Er tut so の文に als ob をつなげ、接続法第Ⅱ式過去形の文を書きましょう。

Dieter ist super:

例 Er hat nur vier Stunden geschlafen. Er tut so, als ob er viel geschlafen hätte.
                                       (viel schlafen)

(1) Er hatte viel Stress. Er tut so, als ob er _____.
                                       (keinen Stress haben)

(2) Er machte manchmal Fehler. Er tut so, als ob _____.
                                       (alles in Ordnung sein)

(3) Er hat nichts davon gewusst. Er tut so, als ob _____.
                                       (alles wissen)

9. Schreiben Sie die Sätze im Kunjunktiv I. 動詞を接続法第Ⅰ式の現在形にし、間接話法を完成させましょう。

(1) Eva sagte: „Ich bin 18 Jahre alt."

Eva sagte, sie sei _____.

(2) Er erzählt: „Ich fahre im Sommer in die Berge."

Er erzählt, er _____.

(3) Julia sagt: „Morgen kommt meine Oma aus Frankfurt."

Julia sagt, morgen _____ ihre _____.

(4) Barbara sagt: „Ich habe einen Hund."

Barbara sagt, sie _____.

(5) Matthias sagte: „Ich lerne mit meiner Schwester Französisch."

Matthias sagte, _____ mit seiner _____.

(6) Du hast gesagt: „Ich komme um 12 Uhr an."

Du hast gesagt, _____.

10. Schreiben Sie die Sätze im Kunjunktiv I. 動詞を接続法第Ⅰ式の過去形にし、間接話法を完成させましょう。

(1) Er sagte: „Ich habe gestern getanzt."

Er sagte, er _____.

(2) Sie erzählt: „Sie ist im Sommer nach Italien gefahren und hat Fisch gegessen."

Sie erzählt, _____.

(3) Sie fragte: „Was hat er gesagt?"

Sie fragte, was _____.

(4) Ich fragte ihn: „Wo hast du gewohnt?"

Ich fragte ihn, _____.

(5) Er hat mich gefragt: „Willst du mit mir ins Kino gehen?"

Er hat mich gefragt, ob _____.

—— A ——

ab	前 [＋3格] ～以降，～から
ab｜biegen	動 (自) 曲がる
Abend, -e	男 晩，夕方
Abendessen, -	中 夕食
Abendkleid, -er	中 イブニングドレス
abends	副 晩に，夕方に，毎晩，毎夕
aber	接 しかし
ab｜geben	動 (他) 提出する，手渡す
abgegeben	← ab｜geben の過去分詞
ab｜holen	動 (他) 取ってくる，迎えに行く
ab｜stellen	動 (他) しまう
ab｜waschen	動 (他) 洗う
ach	間 ああ，まあ (驚き，悲しみなどを表す)
acht	数 (序数) 8番目 (の)，第8 (の)，(基数) 8 (の)
achten	動 (自) 注意を払う，気をつける
achtzehn	数 18番目 (の)，第18 (の)
Adjektivdeklination, -en	女 形容詞の格変化
adverbial	形 副詞的な
ähnlich	形 似ている，同じような
Ahnung, -en	女 見当，心当たり
Aichi	国・地 中 愛知
Akane	名前 (女名) アカネ
Akkusativ, -e	男 (文法) 4格，対格
aktiv	形 活動的な
Alex	名前 (男名) アーレックス
Alexander	名前 (男名) アレクサンダー
Alina	名前 (女名) アリーナ
all	不代 すべての，あらゆる
allein	形 1人で
Alltag, -e	男 日常
als	接 ～として，(過去の時) ～したとき，～だったとき，(比較級と) ～より
also	副 それでは，つまり，要するに，(口語) じゃあ
alt	形 古い，年取った，(～の年月を) 経た，(年齢が) ～歳の
älter	← alt の比較級
ältest	← alt の最上級
Altstadt, -städte	女 旧市街
am	← an + dem
Ampel, -n	女 信号機
an	前 [＋3格] ～の際 (そば) で (場所を表す)，～に接して，～にくっついて，[＋4格] ～の際 (そば) へ (方向を示す)
ander	形 別の，ほかの，もう一方の
an｜fangen	動 (他) 始める，(自) 始まる
angekommen	← an｜kommen の過去分詞
angemacht	← an｜machen の過去分詞
angerufen	← an｜rufen の過去分詞
angezogen	← an｜ziehen の過去分詞
an｜haben	動 (他) 身に付けている，着ている
Anja	名前 (女名) アンニャ，アニャ
Anke	名前 (女名) アンケ

an｜kommen	動 (自) (s) 到着する
an｜kreuzen	動 (他) しるしを付ける
an｜machen	動 (他) 火をつける，スイッチを入れる
Anna	名前 (女名) アンナ，アナ
Annette	名前 (女名) アネッテ
an｜probieren	動 (他) 試着する
an｜rufen	動 (他) 電話する
ans	← an + das
anschließend	副 引き続いて，その後で
an｜sehen	動 (他) じっくり見る
anstatt	前 [＋2格] ～の代わりに 接 (zu 不定詞句，dass 文と) ～する代わりに
Anton	名前 (男名) アントン
Antonio	名前 (男名) アントニオ
antworten	動 (自) 答える，返事する，回答する，(他) ～と答える
Anzeige,-n	女 広告
an｜ziehen	動 (再) 着る，身に着ける，(他) 惹きつける
Anzug, Anzüge	男 背広，スーツ
Aoi	名前 (女／男名) アオイ
Apfel, Äpfel	男 リンゴ
Apfelsaft, -säfte	男 リンゴジュース
Apotheke, -n	女 薬局
Appetit, -e	男 食欲
April, -e	男 4月
Arbeit, -en	女 仕事
arbeiten	動 (自) 働く，勉強する，作業する
Arbeitsplatz, -plätze	男 職場，仕事場，勤め口
Arbeitszeit, -en	女 労働時間
Architekt, -en	男 建築家
ärgern	動 (再) ～について怒る
Arm, -e	男 腕
Artikelendung, -en	女 冠詞の語尾
Arzt, Ärzte	男 (男性の) 医者
Ärztin, -nen	女 (女性の) 医者
Arztpraxis, -praxen	女 診療所
Asche, -n	女 灰
Aschenputtel	中 シンデレラ，灰かぶり姫 (グリム童話の作品名)
Astronaut, -en	男 (男性の) 宇宙飛行士
Astronautin, -nen	女 (女性の) 宇宙飛行士
auch	副 ～もまた
auf	前 [＋3格] ～の上に (場所を表す)，[＋4格] ～の上へ (方向を示す)
auf｜bauen	動 (他) 建てる
auf｜bewahren	動 (他) 貯蔵する，保管する
Aufenthalt, -en	男 滞在
auf｜führen	動 (他) 上演する，演奏する，上映する
aufgebaut	← auf｜bauen の過去分詞
aufgeführt	← auf｜führen の過去分詞
aufgeräumt	← auf｜räumen の過去分詞
aufgestanden	← auf｜stehen の過去分詞
auf｜hängen	動 (他) 掛ける，つるす
auf｜machen	動 (他) あける，開く

auf｜passen	動 (自) 気をつける，注意を払う
auf｜probieren	動 (他) (帽子を) かぶってみる
auf｜räumen	動 (他) 片付ける，整頓する
auf｜stehen	動 (自) (s) 起きる，立ち上がる
Auge, -n	中 目
August, -e	男 8月
August	名前 (男名) アウグスト
August der Starke	固有 男 アウグスト強健王 (＝アウグスト2世)
Aula, Aulen/(-s)	女 大学の講堂，ホール
aus	前 [＋3格] ～出身の，～から，～の中から
Ausdruck, Ausdrücke	男 表現，表情
Ausflug, Ausflüge	男 ハイキング
aus｜gehen	動 (自) (s) 外出する
Ausgehen	中 外出
ausgeschlafen	← aus｜schlafen の過去分詞
ausgezeichnet	形 素晴らしい
Ausland	中 外国
Auslautverhärtung, -en	女 末尾音硬化，語末音の無声化
aus｜leihen	動 (他) 借りる
aus｜schlafen	動 (他) ぐっすり寝る
außer	前 [＋3格] ～以外
Aussicht, -en	女 眺め
aus｜steigen	動 (自) (s) (乗り物から) 降りる
Ausstellung,-en	女 展示，展覧会
Australien	国・地 中 オーストラリア
aus｜wählen	動 (他) 選び出す，選択する，選ぶ
Auto, -s	中 車
Autofirma, -firmen	女 自動車会社
Autor, -en	男 (男性の) 作家
Autorin, -nen	女 (女性の) 作家

—— B ——

Babysitterin, -nen	女 (女性の) ベビーシッター
Bach	名前 (名字) バッハ
Bachstraße	固有 女 バッハ通り
backen	動 (他) (パン，ケーキなどを) 焼く
Bäcker, -	男 (男性の) パン屋，パン職人
Bäckerei, -en	女 パン屋
Bad, Bäder	中 風呂，浴室，プール
Badeanzug, -anzüge	男 (女性用の) 水着
Badehose, -n	女 水泳パンツ
baden	動 (自) 泳ぐ，入浴する
Badezimmer, -	中 浴室，バスルーム
Bahn, -en	女 鉄道
Bahnhof, -höfe	男 駅
bald	副 間もなく，やがて
Balkon, -s	男 バルコニー
Bambi	固有 「バンビ」(小説・映画の作品名)
Banane, -n	女 バナナ
Bank, -en	女 銀行
BärenPark	固有 男 熊公園 (ベルンにある動物園)

Barockbauwerk,-e 中 バロック建築物
Baseball 男 野球
Bauch, Bäuche 男 腹, 腹部
Bauchschmerzen 複 腹痛
bauen 動 (他) 建てる, 建設する
Bauer 名前 (名字) バウアー
Baum, Bäume 男 木
Bayern 国・地 中 バイエルン (州)
beantworten 動 (他) 答える, 応じる
Beate 名前 (女名) ベアーテ
Becker 名前 (名字) ベッカー
Beethoven 名前 (名字) ベートーベン,
Ludwig van Beethoven
(音楽家・1770-1827)
befinden 動 (再) ~がある
begann ← beginnen の過去形
begegnen 動 (自) (s) 出会う, 遭遇する
begeistert 形 感激した, 熱狂した
beginnen 動 (他) 始める, (自) 始まる
beherrschen 動 (他) マスターする
bei 前 [+3格] ~のそばで, ~の
ところで, ~のとき, ~の場合
beide 形 二つの, 二人の, 両方の
beige 形 ベージュの
beim ← bei + dem
Bein, -e 中 脚
Beispiel, -e 中 例
bekannt 形 有名な, 知っている
bekommen 動 (他) もらう
beliebt 形 人気のある
Ben 名前 (男名) ベン
Benediktiner, - 男 ベネディクト会修道士
benutzen 動 (他) 利用する, 使う
bequem 形 快適な, 楽な
bereits 副 すでに
Berg, -e 男 山
Berger 名前 (名字) ベルガー
Berlin 国・地 中 ベルリン
Bern 国・地 中 ベルン
Bernd 名前 (男名) ベルント
Beruf, -e 男 仕事, 職業
berühmt 形 有名な
beschäftigen 動 (再) (mit と共に) ~に取
り組む
beschreiben 動 (他) 描写する, 記述する
beschweren 動 (再) (über と共に) ~につ
いて苦情を言う
besichtigen 動 (他) 見物する, 見学する
besitzen 動 (他) 所有している
Besonderes 中 特別なこと
besonders 副 とくに, とりわけ
besorgen 動 (他) 手に入れる
besser ← gut の比較級
Besserung, -en 女 回復, 良くなること
best ← gut の最上級
bestanden ← bestehen の過去分詞
Beste 中 一番良いこと
bestehen 動 (他) 合格する
besteigen 動 (他) 登る
bestimmt 副 きっと, 疑うことなく
bestreuen 動 (他) 散らす, ふりかける
Besuch, -e 男 訪問客
besuchen 動 (他) 訪れる, 訪問する
Besucher, - 男 見物人, 訪問者
besuchte ← besuchen の過去形
betragen 動 (他) (温度・金額が) ~であ

る, ~ (の数値) に達する
beträgt ← betragen の3人称現在単数
形
betreten 動 (他) 立ち入る
betrug ← betragen の過去形
Bett, -en 中 ベット
bewerben 動 (再) ~に応募する
Bezahlung, -en 女 支払い, 報酬
Bibliothek, -en 女 図書館
biegen 動 (他) 曲げる, (自) 曲がる
Bier, -e 中 ビール
Big Ben 固有 ビッグベン
Bild, -er 中 絵, 絵画, 写真
bilden 動 (他) 形づくる, つくる
billig 形 安い
bin ← sein の1人称単数現在形
bis 前 [+4格] (空間, 時間的に)
~まで
bisschen 不代 少しの ein bisschen
少し
bist ← sein の2人称 (親称) 単数
現在形
bitte 副 どうか, どうぞ, どういたし
まして
bitten 動 (他) 頼む, お願いする
Biwa-See 固有男 琵琶湖
blau 形 青い, 青色の
Blau 中 青色の in Blau ブルーの
bleiben 動 (自) (s) とどまる, ~のま
まである
Bleistift, -e 男 鉛筆
blieb ← bleiben の過去形
Blume, -n 女 花
Bluse, -n 女 ブラウス
Boden, Böden 男 床
Bodensee 固有男 ボーデン湖
Bogner 名前 (名字) ボーグナー
Bohne, -n 女 豆
bombardieren 動 (他) 爆撃する
Bonbon, -s 男 飴玉, ドロップ
Bonn 国・地 中 ボン
Boris 名前 (男名) ボーリス
Bosch 名前 (名字) ボッシュ
böse 形 邪悪な, 性悪の
Boutique, -n 女 ブティック
Branche, -n 女 専門分野, 部門
braten 動 (他) 炒める, 焼く
Braten, - 男 炒めること, ロースト (され
た肉)
Bratkartoffeln 複 炒めたジャガイモ
Bratwurst, -würste 女 焼きソーセージ
brauchen 動 (他) 必要とする
braun 形 茶色の
Braun 名前 (名字) ブラウン
Braunschweig 国・地 中 ブラウンシュヴァイク
breit 形 幅の広い
Bremen 国・地 中 ブレーメン
Bremer Stadtmusikanten
固有複 ブレーメンの音楽隊
Brille, -n 女 めがね
bringen 動 (他) 持って行く, 持ってく
る
Brot,-e 中 パン
Brötchen, - 中 丸い小さなパン
Brücke, -n 女 橋
Bruder, Brüder 男 兄弟

Brüder Grimm 固有複 グリム兄弟
Brunnen, - 男 泉, 井戸
Brust, Brüste 女 胸
Buch, Bücher 中 本
Buchhandlung, -en 女 書店
bügeln 動 (他) アイロンを掛ける
Bundesfeiertag, -e 男 (スイスの) 建国記念日
Bundeskanzler, - 男 (男性の) 連邦首相
Bundeskanzlerin, -nen 女 (女性の) 連邦首
相
Büro, -s 中 オフィス
Bus, -se 男 バス
Butter 女 バター

—— C ——

ca. 副 (= circa) 約, およそ
Café, -s 中 喫茶店, カフェ
campen 動 (他) キャンプする
Camus 名前 (名字) カミュ, Albert
Camus (フランスの作家・
1913-1960)
CD, -s 女 コンパクトディスク, CD
Charlotte 名前 (女名) シャルロッテ
Chef, -s 男 男性の上司, (会社の課, 部,
局などの) 長
Chefin, -nen 女 女性の上司, (会社の課, 部,
局などの) 長
Chinesisch 中 中国語
ch-Laut, -e 中 ch の音
Christian 名前 (男名) クリスティアン
Cola, - 女中 コーラ
Comic, -s 男 漫画
Computer, - 男 コンピューター
Computerkenntnis, -se
女 コンピューターの知識
Computerspiel, -e 中 コンピューターゲーム
Convenience Store, -s 男 コンビニ
cool 形 カッコいい
Currypulver, - 中 カレー粉
Currysoße, -n 女 カレーソース
Currywurst, -würste
女 カレーソーセージ

—— D ——

da 副 そこに, あそこに, そこで
接 ~だから
dabei 副 その場で, 一緒に, その際に
dafür 副 そのために, その代償として,
その代わりに
Daiki 名前 (男名) ダイキ
damals 副 当時, その頃
damit 副 それでもって
danach 副 そのあとで, それに続いて,
その後ろに
Daniel 名前 (男名) ダニエル
danke 間 ありがとう
danken 動 感謝する, 礼を言う
dann 副 それから, それならば, その
ときに
darauf 副 その上へ, (da(r) は後続す
る副文, zu 不定詞などを受ける)
darüber 副 その上の方に, それについて
das 指代 その, この [中性1・4格]
関代 [中性1・4格]
dass 接 ~ということ
Dativ, -e 男 (文法) 3格, 与格

50

Datum, Daten	田 日付	

David 　名前 （男名）ダーヴィット
dazu 　副 それに加えて，その上，そのために
decken 　動 （他）かぶせる，覆う
dein 　所有冠 君の
dem 　指代 その，この［男性・中性3格］
　　　　円代［男性・中性3格］
Demonstrativartikel, -n
　　　　男 （文法）定冠詞類
den 　指代 その，この［男性4格・複数3格］円代［男性4格］
denen 　円代［複数3格］
denn 　副 いったい 腰 ～というのは，～だから，なぜなら
der 　指代 その，この［男性・単数1，女性2・3格，複数2格］
　　　　円代［男性1格，女性3格］
deren 　円代［女性・複数2格］
deshalb 　副 それゆえに，だから
dessen 　円代［男性・中性2格］
deutsch 　形 ドイツ（人・語）の
Deutsch 　田 ドイツ語
Deutschland 　国・地 田 ドイツ
Deutschlernen 　田 ドイツ語を学ぶこと
deutschsprachig 　形 ドイツ語を話す，ドイツ語圏の
Dezember, - 　男 12月
Dialog, -e 　男 会話
dich 　代 君を；［再帰代名詞：du の4格］
die 　指代 その，この［女性1・4格，複数1・4格］円代［女性1・4格，複数1・4格］
Dienstag, -e 　男 火曜日
Dienstagabend, -e 　男 火曜日の晩
Dienstleistung, -en 女 サービス業
dieser 　定冠類 この
diesmal 　副 今回は
Diphthong, -e 　男 二重母音
dir 　代 君に；［再帰代名詞：du の3格］
direkt 　副 すぐ近くに，すぐに
Disco, -s 　女 ディスコ
Disney 　固有名前 （名字）ディズニー（ウォルト・ディズニー）：映画製作者・1901-1966），ディズニーが起こした会社
Do. 　男 （= Donnerstag）木曜日
doch 　副 ［平常文で］確認を表して「～だよね」，［否定の疑問文への肯定の返事として］いいえ，そんなことはない
Doktor, -en 　男 博士，医者
Dom, -e 　男 大聖堂
Donau 　国・地 女 ドナウ川
Donnerstag, -e 男 木曜日
dort 　副 あそこに，あそこで，そこで
dorthin 　副 あそこへ，そこへ
draußen 　副 外で
drehen 　動 （他）映画を撮影する
dreieckig 　形 三角形の
dreißigst 　数 （序数）30番目（の），第30（の）
dreizehn 　数 （序数）13番目（の），第

13（の）
Dresden 　地名 田 ドレスデン（ドイツの都市）
dresdner 　形 ドレスデンの
drinnen 　副 室内で
dritt 　数 （序数）3番目（の），第3（の）
Druckbleistift, -e 男 シャープペンシル
du 　代 君は／が
dunkel 　形 暗い，黒っぽい，濃い色の
dunkelblau 　形 紺色の
dunkler 　← dunkel の比較級
durch 　前 ［＋4格］～を通って，～で
Durchfall, -fälle 　男 下痢
durchschnittlich 　形 平均して，標準的な
Durchschnittstemperatur, -en
　　　　女 平均気温
dürfen 　動 ～してよい（許可），（否定語と共に）～してはならない（禁止），（本動詞として）～することが許されている
durfte 　←助動詞 dürfen の過去形
dürfte 　←助動詞 dürfen の接続法第Ⅱ式
Durst 　男 喉の渇き
duschen 　動 （再）シャワーを浴びる
Düsseldorf 　地名 田 デュッセルドルフ

—— E ——

Ehepaar, -e 　田 夫婦
Ei, -er 　田 卵
eigentlich 　副 いったい，ほんとうは
einfach 　形 簡単な，単純な
ein | führen 　動 （他）もたらす，導入する
eingeladen 　← ein | laden の過去分詞
eingezogen 　← ein | ziehen の過去分詞
Einheit, -en 　女 統一
einige 　不代 不数 いくつかの，若干の
ein | kaufen 　動 （自）買い物をする，（他）買う
Einkaufspromenade, -n
　　　　女 ショッピング街
Einkaufstasche, -n 女 買い物袋，ショッピングバック
ein | laden 　動 （他）招待する
einmal 　副 一度，昔，かつて
einst 　副 かつて，以前
ein | steigen 　動 （自）(s)（乗り物に）乗る
einunddreißigst 　数 （序数）31番目（の），第31（の）
einundzwanzigst 　数 （序数）21番目（の），第21（の）
einverstanden 　形 了解した，同意した
Einwohner, - 　男 住民
ein | ziehen 　動 （自）(s) 入居する
Eis 　田 アイスクリーム
Elbe 　固有 女 エルベ川
Elbphilharmonie
　　　　男 = Elbphilharmonie Hamburg
Elbphilharmonie Hamburg
　　　　固有 女 エルプフィルハーモニー（コンサートホール）
Elena 　名前 （女名）エレナ
elft 　数 （序数）11番目（の），第11（の）
Eltern 　複 両親

E-Mail, -s 　女 Eメール
Emilia 　名前 （女名）エミーリア
Emma 　名前 （女名）エマ
empfehlen 　動 （他）推薦する，勧める
Ende, -n 　田 終わり，最後，結末
endlich 　副 ようやく
eng 　形 狭い
England 　国・地 田 イギリス
Englisch 　田 英語
Englischkenntnis, -se
　　　　女 英語の知識
Englischlehrer, - 　男 （男性の）英語教師
Englischtest, -s/-e 男 英語のテスト
Enrico 　名前 （男名）エンリコ
entfernt 　形 遠く離れた，距離のある
entschuldigen 　動 （他）許す，（再）許しをこう，詫びる
Entschuldigung 　囲 すみません，ごめんなさい，失礼ですが
Enttäuschung, -en 女 失望，落胆
er 　代 彼は／が
erbauen 　動 （他）建立する，建築する
Erde, -n 　女 地球
Erfolg, -e 　男 成功
erforderlich 　形 必要な
erfrischen 　動 （他）気分をさわやかにする
ergänzen 　動 （他）完全なものにする，補足する
erhitzen 　動 （他）熱する，加熱する
Erika 　名前 （女名）エリカ
erinnern 　動 （再）思い出す，覚えている
erkältet 　形 風邪を引いた
erklären 　動 （他）説明する，解説する
erleben 　動 （他）体験する，経験する
erledigen 　動 （他）処理する，（仕事を）片付ける
eröffnen 　動 （他）（新しく）開く
errichten 　動 （他）建てる
erst 　副 やっと，ようやく，最初に
　　　　数 （序数）1番目（の），第1（の）
erwachsen 　動 （自）(s) 成長する
erwachsen 　← erwachsen の過去分詞
　　　　形 成人した
Erwachsener 　男 成人男性
erwähnen 　動 （他）言及する
erzählen 　動 （他）話す，物語る
es 　代 それは／が，それを；［非人称主語］
essen 　動 （自）・（他）食べる
Essen, - 　田 食事
Essenstyp, -en 男 食事スタイル
Esslöffel, - 　男 大匙
esst 　← essen の2人称（親称）複数現在形
Esszimmer, - 　田 ダイニングルーム
etwa 　副 約，およそ
etwas 　不代 あるもの，あること，なにか
euch 　代 君たちに／を；［再帰代名詞：ihr の3・4格］
euer 　所有冠 君たちの
Euro, -(s) 　男 ユーロ（通貨の単位）
Europa 　国・地 田 ヨーロッパ，欧州

—— F ——

Fach, Fächer 　田 科目

fahren	動(自)(s)(乗り物で)行く
Fahrplan, -pläne	男(電車等の)ダイヤ，時刻表
Fahrrad, -räder	中 自転車
Fahrradtour, -en	女 サイクリング
fährst	←fahren の2人称(親称)単数現在形
fährt	←fahren の3人称単数現在形
Fahrzeug, -e	中 乗り物
Fair-Play	中 フェアプレイ
falsch	形 間違った，誤りの
Familie, -n	女 家族
Familienhotel, -s	中 ファミリーホテル，家族向けホテル
Fan, -s	男 ファン
fand	←finden の過去形
fand ... statt	←statt | finden の過去形
fängt ... an	←an | fangen の3人称単数現在形
fantastisch	形 すばらしい，すごい
Farbe, -n	女 色
fast	副 ほとんど，およそ，もうすこしで
faul	形 怠惰な，なまけものの
Februar, -e	男 2月
fehlen	動(自)欠けている，足りない
feiern	動(他)～を祝う．(自)パーティーをする
fein	形 細い，繊細な，絶妙な，上質な
Felix	名前(男名)フェーリクス
Fenster, -	中 窓
Ferien	複 休暇
Ferienhaus, -häuser	中 休暇用の家，別荘
ferngesehen	←fern | sehen の過去分詞
fern | sehen	動(自)テレビを見る
Fernsehen	中 テレビを見ること
Fernseher, -	男 テレビ
fertig	形 終わった，用意のできた，出来上がった
Festspiel, -e	中 (複数で)音楽祭，フェスティバル
fettig	形 脂っこい
Feuer	中 火 Feuer an | machen 火をつける
Feuerwerk, -e	中 花火
Fieber	中 熱，発熱，熱狂
Film, -e	男 映画，フィルム
finden	動(他)見つける，見つけ出す，～だと思う
Finger, -	男 指
Firma, Firmen	女 会社
Fisch, -e	男 魚
Fischmarkt, -märkte	男 魚市場
Fitnessstudio, -s	中 フィットネススタジオ
Flasche, -n	女 瓶，ボトル
Fleisch und Wurstwaren	精肉部門
fleißig	形 勤勉な，熱心な
fliegen	動(自)飛ぶ，(飛行機で)行く
fließen	動(非人称)流れる
flog	←fliegen の過去形
Flohmarkt, -märkte	男 蚤の市
Florian	男(男名)フローリアン
Flöte, -n	女 フルート
Flughafen, -häfen	男 空港

Flugticket, -s	中 航空券
Flugzeug, -e	中 飛行機
Flur, -e	男 廊下，玄関ホール
Fluss, Flüsse	男 川
folgend	形 次の，以下の
Foto, -s	中 写真
fotografieren	動(自)写真を撮る(他)～の写真を撮る
Fotomodell, -e	中 写真モデル
Fr.	男(= Freitag)金曜日
Frage, -n	女 質問，問題
fragen	動(自)尋ねる(他)～に尋ねる，問う，質問する
Fragesatz, -sätze	男 疑問文
Frank	男(男名)フランク
Frankfurt	国・地 中 フランクフルト
Frankreich	国・地 中 フランス
Französisch	中 フランス語
Französischkurs, -e	男 フランス語講座
Frau, -en	女 ～さん(女性)，女性，妻
Frauenkirche, -n	女 聖母教会，フラウエン教会
frei	形 空いている，休みの，自由な
Freiburg	国・地 中 フライブルク
Freie	中 野外
Freitag, -e	男 金曜日
Freizeit, -en	女 自由な時間，暇なとき，暇，余暇
Fremdsprache, -n	女 外国語
Freude, -n	女 喜び
freuen	動(再)喜ぶ，楽しみにする
Freund, -e	男 男性の友人，ボーイフレンド
Freundin, -nen	女 女性の友人，ガールフレンド
freundlich	形 感じの良い
frisch	形 新鮮な
froh	形 喜んでいる，喜ばしい，楽しい
früh	形 (時刻が)早い
früher	副 以前，昔，かつて
Frühling, -e	男 春
Frühstück, -e	中 朝食
frühstücken	動(他)朝食をとる
fühlen	動(再)感じる
fuhr	←fahren の過去形
fuhr ... los	←los | fahren の過去形
führen	動(他)連れて行く，率いる
Führerschein, -e	男 運転免許証
Füller, -	男 万年筆
fünft	(序数)5番目(の)，第5(の)
50-Meter-Lauf, -Läufe	男 50メートル走
für	前[+4格]～の為に，～にとって，～の代わりに
fürs	←für + das
Fuß, Füße	男 足
Fußball, -bälle	男(単数で)サッカー，サッカーボール
Fußballspiel, -e	中 サッカーの試合
Fußballspieler, -	男(男性の)サッカー選手
Fußballspielerin, -nen	女(女性の)サッカー選手
Fußballverein, -e	男 サッカーボールクラブ

—— G ——

| gab | ←geben の過去形 |
| ganzjährig | 形 一年中の |

gar	副 (否定を表す言葉と)全然～ない
Garten, Gärten	男 庭，庭園
Gast, Gäste	男 客
gebacken	←backen の過去分詞
gebären	動(他)(子供を)産む
Gebäude, -	中 建物，建築物
Gebeine	複 遺骨
geben	動(他)与える，～に～をあげる，es gibt ～がある
geboren	←gebären の過去分詞 形 生まれた
gebracht	←bringen の過去分詞
gebraten	←braten の過去分詞
Geburtsdatum, -daten	中 生年月日
Geburtstag, -e	男 誕生日
Geburtstagsfeier, -n	女 誕生日パーティー
Geburtstagsgeschenk, -e	中 誕生日プレゼント
Geburtstagskarte, -n	女 誕生日カード
geehrt	形 尊敬された，sehr geehrter Herr Meyer 拝啓マイヤー様
gefahren	←fahren の過去分詞
gefallen	動(自)[+3格]～の気に入る
gefallen	←gefallen の過去分詞
gefällt	←gefallen の3人称単数現在形
gegangen	←gehen の過去分詞
gegeben	←geben の過去分詞
Gegensatzwort, -wörter	中 反意語
Gegenteil, -e	中 反対
gegessen	←essen の過去分詞
gehalten	←halten の過去分詞
gehen	動(自)(s)歩いて行く，行く
gehören	動(自)[+3格]～のものである，～の一員である
geht's	←geht + es
Geist	男 精神
gekocht	←kochen の過去分詞 形 沸騰させた，煮た
gekommen	←kommen の過去分詞
gelb	形 黄色の
Gelb	中 黄色
Geld, -er	中 お金
gemischt	形 混ぜた，ミックスされた
Gemüse, -	中 野菜
Gemüsegericht, -e	中 野菜料理
Gemüsesuppe, -n	女 野菜スープ
genau	副 正確な，まさしく，その通り
genauso	副 全く同じように
genießen	動(他)楽しむ，味わう
Genitiv, -e	男(文法)2格，属格
genug	形 十分な
genügen	動(自)十分である
geöffnet	形 開いている
gerade	副 ちょうど，まさに，今
geradeaus	副 まっすぐに
Germanistik	女 独語独文学
gern	副 よろこんで，好きだ，好んで
gerne	副 = gern
Geschäft, -e	中 店，仕事
Geschenk, -e	中 贈り物，プレゼント
Geschirr, -e	中 食器
geschlossen	←schließen の過去分詞

	彫 閉まっている
geschrieben	← schreiben の過去分詞
gesehen	← sehen の過去分詞
Gesicht, -er	中 顔, 表情
Gespräch, -e	中 会話, 対話
gestern	副 昨日
gesund	彫 健康な
Gesundheit	女 健康
getragen	← tragen の過去分詞
Getränk, -e	中 飲み物
getroffen	← treffen の過去分詞
getrunken	← trinken の過去分詞
gewaschen	← waschen の過去分詞
gewesen	← sein の過去分詞
gewöhnen	動 (再) 慣れる
geworden	← werden の過去分詞
gezogen	← ziehen の過去分詞
gib	← geben の du に対する命令形
gibt	← geben の3人称単数現在形 es gibt… ～がある
ging	← gehen の過去形
ging … los	← los│gehen の過去形
Gitarre, -n	女 ギター
Glas, Gläser	中 グラス, コップ, ガラス
glauben	動 (他) 思う, 信じる
gleich	彫 同じ 副 すぐに
Glück	中 幸運, 幸せ
glücklich	彫 幸せな
Glückwunsch, -wünsche	男 お祝いの言葉, 祝辞
GmbH	女 有限会社 (= Gesellschaft mit beschränkter Haftung)
Goethe	名前 (名字) ゲーテ, Johann Wolfgang von Goethe (作家・1749-1832)
Goethehaus	固有中 ゲーテハウス, ゲーテの生家
Goethestraße	固有女 ゲーテ通り
golden	彫 金の, 金色の
gotisch	彫 ゴシック様式の
Grad, -	男 度, ℃
Grammatik, -en	女 文法
Gras, Gräser	中 草, 芝生
grau	彫 灰色の
Grillbuffet, -s	中 グリルビュッフェ
grillen	動 (他) 焼く, バーベキューをする
Grimm	名前 (名字) グリム, Jacob Grimm (1785-1863), Wilhelm Grimm (1786-1859): ドイツの言語・文芸学者の兄弟
Grippe, -n	女 インフルエンザ, 流感
groß	彫 大きい, 背が高い
Größe, -n	女 サイズ, 大きさ
Großeltern	複 祖父母
größer	← groß の比較級
Großmutter, -mütter	女 祖母
größt	← groß の最上級
Großvater, -väter	男 祖父
grün	彫 緑色の
Grün	中 緑
Gruppe, -n	女 グループ, 集団
Gruß, Grüße	男 挨拶

grüßen	動 (他) 挨拶をする
Gummibärchen, -	中 グミ, クマ型のグミキャンディー
gut	彫 良い
Gute	中 良いこと, いいもの, 善
Gutenberg	名前 (名字) グーテンベルク, Johannes Gutenberg (活版印刷技術の発明者・1397頃-1468)

—— H ——

Haar, -e	中 髪の毛, 髪
haben	動 (他) 持つ, 持っている. [完了の助動詞]
Habsburger, -	男 ハプスブルク家の人
habt	← haben の2人称 (親称) 複数現在形
Hafenstadt, -städte	女 港町
Hähnchen, -	中 (雄の) 若鶏, ローストチキン
halb	彫 半分の
halbieren	動 (他) 半分に分ける
Hälfte, -n	女 半分, 2分の1
hallo	間 こんにちは, やあ. (電話などで) もしもし
Hals, Hälse	男 首
Halskette, -n	女 ネックレス
halten	動 (他) ～を行う, する. つかんでいる, 持っている
Hamburg	国・地 ハンブルク
Hamster, -	男 ハムスター
Hanau	国・地 ハーナウ
Hand, Hände	女 手
Handschuh, -e	男 手袋
hart	彫 懸命な, 固い
hast	← haben の2人称 (親称) 単数現在形
hat	← haben の3人称単数現在形
hat … vor	← vor│haben の3人称単数現在形
hatte	← haben の過去形
hätte	← haben の接続法第Ⅱ式
hatte … vor	← vor│haben の過去形
häufig	彫 たびたびの, 頻繁な
Hauptgebäude, -	中 本館
Hauptsatz, -sätze	男 (文法) 主文
Hauptsitz, -e	男 本社
Hauptstadt, -städte	女 首都, 州都
Haus, Häuser	中 家, 住宅, 我が家
Hausaufgabe, -n	女 宿題
Hausfrau, -en	女 主婦
hausgemacht	彫 自家製の
Haushalt, -e	男 家事, 家計, 所帯
Hausmann, -männer	男 主夫
Haustier, -e	中 ペット
Heidelberg	国・地中 ハイデルベルク
Heidi	名前 (女名) ハイディ
Heiligabend, -e	男 クリスマスイブ
Heimat, -en	女 故郷
Heinemann	名前 (名字) ハイネマン
heiraten	動 (自) 結婚する
heiß	彫 暑い, 熱い
heißen	動 (自) ～という名前である, ～という意味である
Heizung, -en	女 暖房
Helena	名前 (女名) ヘレナ

helfen	動 (自) 手を貸す, 手伝う, 助ける
Helfen	中 手伝うこと
hell	彫 明るい
hellblau	彫 水色の
Hemd, -en	中 シャツ, ワイシャツ
heraus│bringen	動 (他) 外へ運び出す
herausgebracht	← heraus│bringen の過去分詞
Herbst, -e	男 秋
Herd, -e	男 かまど, コンロ
herein│kommen	動 (自) (s) 中に入ってくる
Herr, -en	男 男性, ～さん
herzlich	彫 心からの, 心のこもった
heute	副 今日
hier	副 ここに, ここで
hinter	前 [+3格] ～の後ろで (場所を表す), [+4格] ～の後ろへ (方向を示す)
Hiroki	名前 (男名) ヒロキ
Hirsch, -e	男 鹿
Hobby, -s	中 趣味
hoch	彫 高い
höchst	← hoch の最上級
Hochzeit, -en	女 結婚式
Hochzeitsfeier, -n	女 結婚式, 婚礼
Hochzeitskleid, -er	中 ウエディングドレス
Hochzeitslied, -er	中 結婚式の歌
Hochzeitsparty, -s	女 結婚パーティー
hoffen	動 希望する, 願う
höher	← hoch の比較級
Hokkaido	国・地 北海道
holen	動 (他) ～を買いに行く, 取りに行く
Holländer, -	男 オランダ人, der fliegende Holländer 固有 『さまよえるオランダ人』 (ワーグナーのオペラ)
hören	動 (他) 聞く
Hörsaal, -säle	男 講義室, (階段) 教室
Horyu-Tempel	固有男 法隆寺
Hose, -n	女 ズボン
Hotel, -s	中 ホテル
Hotelzimmer, -	中 ホテルの客室
Humboldt-Universität	固有女 フンボルト大学
Hund, -e	男 犬
Hunger	男 空腹, 飢え
Husten, -	男 咳
Hut, Hüte	男 帽子

—— I ——

ICE	男 (= Intercity-Express) ドイツの高速鉄道
ich	代 私は／が
Idee, -n	女 理念, アイデア
ihm	代 彼に, それに
ihn	代 彼を, それを
ihnen	代 彼らに, それらに
Ihnen	代 あなた (方) に
ihr	代 君たちは／が, 彼女に 所有冠 彼女の, 彼らの, 彼らの, それらの
Ihr	所有冠 あなた (方) の
im	← in + dem

immer　副　いつも，常に
Imperativ, -e　男　(文法)命令法
Imperativsatz, -sätze　男　(文法)命令文
in　前　[＋3格]～の中で(場所を表す)，[＋4格]～の中へ(方向を示す)
indirekt　形　間接の，間接的な
Infinitiv, -e　男　不定詞
Information, -en　女　案内所，情報
informieren　動(他)情報を知らせる
ins　→ in + das
Insekt, -en　中　虫
Insel, -n　女　島
intelligent　形　知能の優れた，頭のよい
interessant　形　おもしろい，興味をひく
Interesse, -n　中　興味，関心
interessieren　動(再)～に興味がある　(他)～に興味を起こさせる
international　形　国際的な
Interview, -s　中　インタビュー，面接
Intransitiv, -e　男　自動詞
irreal　形　非現実の
Isartor　固有　イザール門(ミュンヘンにある中世の市壁)
iss　→ essen の du に対する命令形
isst　→ essen の2人称(親称)，3人称単数現在形
ist　→ sein の3人称単数現在形
Italien　国・地 中　イタリア
italienisch　形　イタリア(人・語)の
Italienisch　中　イタリア語
Italienischkurs, -e　男　イタリア語講座

—— J ——
ja　副　はい
Jacke, -n　女　ジャケット，上着
Jahr, -e　中　年，1年，年月
Jahreszeit, -en　女　季節
Jahrhundert, -e　中　世紀
Jan　名前(男名)ヤン
Jana　名前(女名)ヤーナ
Januar, -e　男　1月
Japan　国・地 中　日本
Japaner, -　男(男性の)日本人
Japanerin, -nen　女(女性の)日本人
japanisch　形　日本(人・語)の
Japanisch　中　日本語
jeder　定冠類　どの～も
jener　定冠類　あの
Jens　名前(男名)イェンス
jetzt　副　今，現在，これから
Joachim　名前(男名)ヨアヒム
jobben　動(自)アルバイトする
joggen　動(自)ジョギングする
Joghurt　男中　ヨーグルト
Johanna　名前(女名)ヨハナ
Johannes　名前(男名)ヨハネス
Jonas　名前(男名)ヨーナス
Jounalist, -en　男(男性の)ジャーナリスト
Jounalistin, -nen　女(女性の)ジャーナリスト
Jubiläum, Jubiläen　中　記念祭
Jubiläumsfeier, -n　女　記念祭のお祝い
Jugendherberge, -n　女　ユースホステル
Juli, -s　男　7月
Julia　名前(女名)ユーリア

Julian　名前(男名)ユーリアーン
jung　形　若い
Junge, -n　男　少年
Juni, -s　男　6月
Jura　複　法学，法律学

—— K ——
Kaffee, -s　男　コーヒー
Kaffeehaus, -häuser　中　(オーストリアで)カフェ
Kaffeetrinken　中　お茶をすること
Kafka　名前(名字)カフカ，Franz Kafka(作家・1883-1924)
Kaiser, -　男　皇帝，(日本の)天皇
Kaiser Franz Josef　固有男　フランツ・ヨーゼフ帝
Kaiserin Elisabeth　固有女　皇妃エリザベート
kalorienreich　形　カロリーの高い
kalt　形　冷たい，寒い
kam　← kommen の過去形
kam ... an　← an｜kommen の過去形
kam ... entgegen　← entgegen｜kommen の過去形
kam ... zurück　← zurück｜kommen の過去形
kämmen　動(再)くしでとかす
Kanada　国・地 中　カナダ
kann　← können の1・3人称単数現在形
kannst　← können の2人称(親称)単数現在形
kaputt　形　壊れた
Karina　名前(女名)カリーナ
Karriere, -n　女　キャリア，出世
Karte, -n　女　チケット，カード
Kartoffel, -n　女　じゃがいも
Kartoffelsalat, -e　男　ポテトサラダ
Kartoffelsuppe, -n　女　ポテトスープ
Käse, -　男　チーズ
Käsebrötchen, -　中　チーズパン
Käsekuchen, -　男　チーズケーキ
Kasten, Kästen　男　箱，ケース
Katja　名前(女名)カティア
Kato　名前(名字)カトウ
Katrin　名前(女名)カトリン
Katze, -n　女　猫
kaufen　動(他)買う
Kaufhaus, -häuser　中　デパート
kein　否定冠　一つも～ない
Keks, -e　男　クッキー，ビスケット
Keller, -　男　地下室
Kellner, -　男　ウェイター
Kellnerin, -nen　女　ウェイトレス
kennen　動(他)知っている
kennen｜lernen　動(他)知り合う
Kerstin　名前(女名)ケアスティン
Ketchup, -s　男　ケチャップ
Kilometer, -　男　キロメートル(km)
Kind, -er　中　子供
Kinderzimmer, -　中　子供部屋
Kindheit　女　子供の頃，幼少時代
Kinkakuji　固有　金閣寺
Kino, -s　中　映画館
Kirche, -n　女　教会
Kirsche, -n　女　サクランボ

Klara　名前(女名)クララ
Klasse, -n　女　クラス，学級
Klassenausflug, -ausflüge　男　クラスの遠足
Klassenfahrt, -en　女　クラス旅行
klassisch　形　古典的な，古典時代の，クラシックの
Klaus　名前(男名)クラウス
Klavier, -e　中　ピアノ
Klavierkonzert, -e　中　ピアノコンサート
Klaviersonate, -n　女　ピアノソナタ
Kleid, -er　中　ワンピース，ドレス，(複数で)衣類，衣服
Kleidung, -en　女　衣装，服
klein　形　小さな
Klein　名前(名字)クライン
Klimt　名前(名字)クリムト，Gustav Klimt(画家・1862-1918)
klingen　動(自)(～のように)聞こえる
Kloss　名前(名字)クロス
Kloster, Klöster　中　修道院
km　男(= Kilometer)キロメートル(単位)
Knie, -　中　ひざ
Koch　名前(名字)コッホ，Konrad Koch(サッカーのパイオニア・1846-1911)
kochen　動(他)料理する，沸かす　(自)料理する，沸く
kochend　形　沸騰した
Koffer, -　男　トランク，スーツケース
Kollegin, -nen　女(女性の)同僚
Köln　国・地 中　ケルン
Kölner Dom　固有男　ケルン大聖堂
kommen　動(自)(s)来る
kommend　形　次の，将来の，きたる
Komparativ, -e　男　(文法)比較級
Komparativform, -en　女　(文法)比較形
komponieren　動(他)作曲する
komponiert　← komponieren の過去分詞
Komponist, -en　男　作曲家
Konditionalsatz, -sätze　(文法)条件文
König, -e　男　王，Heilige Drei Könige　固有　聖三王，東方の三賢王(＝カスパール，メルヒオール，バルタザール)
Königin, -nen　女　女王
Konjunktion, -en　女　(文法)接続詞
Konjunktiv I　男　(文法)接続法第I式
Konjunktiv II　男　(文法)接続法第II式
können　動　～できる(能力)，～かもしれない(可能性)，(本動詞として)～できる
konnte　← können の過去形
könnte　← können の接続法第II式
konzentrieren　動(再)～に集中する
Konzert, -e　中　コンサート
Konzerthaus, -häuser　中　コンサートホール
Kopf, Köpfe　男　頭
Kopfschmerzen　複　頭痛
Körperteil, -e　男　体の部位，肢体
kosten　動(他)～の値段である，(時間，金，労力が)かかる
Kostüm, -e　中　女性用スーツ

Kota	名前（男名）コウタ	
krank	形 病気である，具合が悪い	
Krankheit, -en	女 病気	
Kräutertee	男 ハーブティー	
Krawatte, -n	女 ネクタイ	
Krimi, -s	男（= Kriminalroman）推理小説	
Kross	名前（名字）クロス	
Küche, -n	女 キッチン，台所	
Kuchen, -	男 ケーキ	
Kuchensorte, -n	女 ケーキの種類	
Kugelschreiber, -	男 ボールペン	
kühl	形 冷たい，涼しい	
Kühlschrank, -schränke	男 冷蔵庫	
kulturell	形 文化的な	
Kunst, Künste	女 芸術	
kurz	形（空間，時間的に）ちょっと，短い，少し	
Kurz	名前（名字）クルツ	
Kyoto	国・地田 京都	

—— L ——

Laden, Läden	男 店
lädt ... ein	←ein | laden の3人称単数現在形
Lamsdorf	名前（名字）ラムスドルフ
Land, Länder	田 国．auf dem Land 田舎で
Landschaft, -en	女 風景，景観
lang	形 長い，長時間の
Lange	名前（名字）ランゲ
länger	←lang の比較級
langsam	形 ゆっくりした 副 そろそろ，ゆっくりと
längst	lang の最上級
langweilig	形 退屈な，つまらない
Lärm	男 騒音，喧騒
lass	←lassen の2人称（親称）単数命令形
lassen	動（他）～させる
laufen	動（自）(s) 走る
läuft	←laufen の3人称単数現在形
Laura	名前（女名）ラウラ
laut	形 うるさい，騒がしい
Laut, -e	男 音
Lea	名前（女名）レーア
leben	動（自）住んでいる，暮らす，生きる
Leben, -	田 生活，生涯
Lebensmittel, -	田 食料品
lecker	形 美味しい
Lederhose, -n	女 革製半ズボン（特にアルプス地方の）
legen	動 置く，（再）横になる
Lehmann	男（名字）レーマン
lehren	動（他）教える
Lehrer, -	男（男性の）教師
leicht	形 軽い，簡単な
leid	形 残念な Tut mir leid. 残念です。
Leiden, -	田 苦悩，苦しみ，悩み．Die Leiden des Jungen Werthers 固有『若きウェルテルの悩み』（ゲーテの小説の題名）
leider	副 残念ながら

Leipzig	国・地田 ライプツィヒ
leise	副 静かに
leiten	動（他）率いる
Lektion, -en	女 課
Lena	名前（女名）レーナ
Leo	名前（男名）レオ
Leon	名前（男名）レーオン
lernen	動（他）勉強する，習う，学ぶ
Lernen	田 学ぶこと，学習
lesen	動（他）読む
lest	←lesen の2人称（親称）複数現在形
letzt	形 最後の，最近の
Leute	複 人々
Licht, -er	田 光，あかり
lieb	形 親愛なる，かわいい，感じの良い
lieben	動（他）～を愛する，好きである
lieber	←gern の比較級 むしろ～したい，より好きだ
Lieblingsbuch, -bücher	田 お気に入りの本
Lieblingsfilm, -e	男 お気に入りの映画
Lieblingssache, -n	女 お気に入りのもの
Lieblingsstadt, -städte	女 お気に入りの都市
liebst	←gern の最上級
Lied, -er	田 歌
Liederabend, -e	男 歌曲の夕べ，歌曲のリサイタル
liegen	動（自）横たわっている，ある
liegend	形 位置している
lies	←lesen の du に対する命令形
liest	←lesen の2人称（親称）・3人称単数現在形
lila	形 藤色の
Lina	名前（女名）リーナ
Linda	名前（女名）リンダ
Linie, -n	女（交通機関の）路線，系統
links	副 左に，左側に
Lippe, -n	女 唇
Lisa	名前（女名）リーザ
Liszt	名前（名字）リスト．Franz Liszt（音楽家・1811-1886）
Liter, -	男田 リットル（l）
Literatur, -en	女 文学，文芸
loben	動（他）賞賛する，ほめる
lokal	形 地域の
Lokal, -e	田 飲食店，レストラン
London	国・地田 ロンドン
los	副 出かけて，Was ist los? どうしたの
los | fahren	動（自）(s)（乗り物で）行く，出発する
losgegangen	←los | gehen の過去分詞
los | gehen	動（自）(s) 出発する，でかける
Lösung, -en	女 解答
Louise	名前（女名）ルイーゼ
Lücke, -n	女 空白，空所
Ludwig	名前（男名）ルートヴィッヒ
Ludwig II.	名前 ルートヴィッヒ2世（バイエルン王・1845-1886）
Ludwigstraße	固有女 ルートヴィッヒ通り
Lukas	名前（男名）ルーカス
Lust, Lüste	女（何かをしたい）気持ち，意

欲

—— M ——

m²	男田（= Quadratmeter）平方メートル（単位）
machen	動（他）作る，する
Mädchen, -	田 女の子，少女
Madrid	国・地田 マドリード
mag	←mögen の1・3人称単数現在形
Magenschmerzen	複 胃痛
Mai	名前（女名）マイ
Mai, -e	男 5月
Maika	名前（女名）マイカ
Mail, -s	女 メール
Mainz	国・地田 マインツ
Maki	名前（女名）マキ
Makino	名前（名字）マキノ
mal	副 ちょっと，そのうち
Mal, -e	田 回，折，機会
malen	動（他）（絵を）描く
Maler, -	男 画家
Mallorca	国・地田 マジョルカ（島）
Mama, -s	女（口語）ママ，お母さん
man	代（主語を特定せず，一般的に）人は
manch	不代 かなりの，多数の
manchmal	副 ときどき，たまに
Manga, -s	女 マンガ
Mann, Männer	男 男性，夫
Mantel, Mäntel	男 コート，オーバー
Maria	名前（女名）マリア
Maria Theresia	名前（人名）マリア・テレジア（ハプスブルク帝国の女帝・1717-1780）
Marie	名前（女名）マリー
Marienplatz	固有男 マリエン広場（ミュンヘンの中心部にある広場）
Marion	名前（女名）マーリオン
Mark	名前（男名）マーク
markieren	動（他）印をつける
Markt, Märkte	男 市（いち），市場
Marktplatz, -plätze	男 中央広場，市のたつ広場
Markus	名前（男名）マルクス
Marmelade, -n	女 ジャム
Martin	名前（男名）マルティン
März, -e	男 3月
Masato	名前（男名）マサト
Matterhorn	固有田 マッターホルン（スイス・イタリア国境にある山）
Maurer	名前 マウラー
Maya	名前（女名）マヤ
Mayer	名前（名字）マイヤー
Meer, -e	田 海．das Schwarze Meer 固有 黒海
mehr	←viel の比較級 副 もっと，（否定語と共に）もはや～ない
mein	所有冠 私の
Meißen	国・地田 マイセン
meist	←viel の最上級
Mensa, -s /(Mensen)	女 学生食堂
Mensch,-en	男 人間，人，人類
Meter, -	男 メートル（m）
Meyer	名前（名字）マイヤー
mich	代 私を；[再帰代名詞：ich の]

Michael	名前 (男名) ミヒャエル	
Michaelskirche	固有女 ミヒャエル教会	
Milch	女 牛乳	
Milchprodukt, -e	中 乳製品	
Millionär, -e	男 (男性の) 大富豪，百万長者	
Millionärin, -nen	女 (女性の) 大富豪，百万長者	
mindestens	少なくとも，せめて	
Mineralwasser, -wässer	中 ミネラルウォーター	
Minute, -n	女 分	
mir	代 私に：[再帰代名詞：ich の3格]	
mischen	動 (他) ミックスする，混ぜる	
Mistwetter	中 ひどい悪天候	
mit	前 [＋3格] (乗り物・手段) 〜で，(人) 〜と一緒に	
Mitbewohnerin, -nen	女 (女性の) 同居人	
mit｜bringen	動 (他) 持ってくる，持参する	
mit｜feiern	動 (他) 一緒に祝う	
mit｜kommen	動 (自) (s) 一緒に来る，一緒に行く	
mit｜nehmen	動 (他) 持っていく，連れて行く	
Mittag, -e	男 昼，正午 (ごろ)	
Mittagessen	中 昼食	
Mitte, -n	女 真ん中，中央	
mittelalterlich	形 中世の	
mittelgroß	形 中くらいの大きさの	
Mittwoch, -e	男 水曜日	
Mo.	男 (= Montag) 月曜日	
Möbel, -	中 家具	
möbliert	形 家具付きの	
möchte(n)	助 〜したい，(本動詞として) 〜が欲しい	
Modalverb, -en	中 話法の助動詞	
Mode, -n	女 流行，はやり，ファッション	
modern	形 モダンな，現代的な	
mögen	助 〜かも知れない (推量)，(本動詞として) 〜を好む	
möglichst	副 できる限り，可能な限り	
Möhre, -n	女 ニンジン	
Moment, -e	男 一瞬，瞬間，(間投詞的に) ちょっとまって！	
Monat, -e	男 (暦の) 月	
Monatskarte, -n	女 (1ヵ月の) 定期券	
Monika	名前 (女名) モニカ	
Montag, -e	男 月曜日	
morgen	副 明日	
Morgen, -	男 朝	
morgens	副 朝に	
Motiv, -e	中 動機	
Mozart	名前 (名字) モーツァルト，Wolfgang Amadeus Mozart (作曲家・1756-1791)	
Mozartstraße	固有女 モーツァルト通り	
müde	形 疲れた，眠い	
Müll	男 ごみ，くず	
Müller	名前 (名字) ミュラー	
Multivitaminsaft, -säfte	男 マルチビタミン飲料	
München	国・地中 ミュンヘン	
Mund, Münder	男 口	
Museum, Museen	中 美術館，博物館，Deutsches Museum 固有 ドイツ博物館 (ミュンヘンにある博物館)	

Musical, -s	中 ミュージカル	
Musik, (-en)	女 音楽	
Musiker, -	男 (男性の) 音楽家	
Musikfest, -e	中 音楽祭	
musikgeschichtlich	形 音楽史の	
Musikliebhaber, -	男 音楽ファン，音楽の愛好家	
Musikwissenschaft, -en	女 音楽学	
musizieren	動 (自) 音楽を演奏する	
Müsli, -	中 ミューズリ，シリアル	
muss	← müssen の1・3人称単数現在形	
müssen	助 〜ねばならない (義務)，〜に違いない (必然)，(否定語と共に) 〜する必要はない，(本動詞として) 〜しなければならない	
musst	← müssen の2人称 (親称) 単数現在形	
musste	← müssen の過去形	
müsste	← müssen の接続法第II式	
Mutter, Mütter	女 母，母親	
Muttersprache, -n	女 母語	
Mütze, -n	女 (ふちの無い) 帽子	

—— N ——

na	間 まあいいさ，まあね，ねえ	
nach	前 [＋3格] 〜の後，(＋地名) 〜へ	
Nachbar, -n	男 隣に住んでいる人，隣人	
Nachmittag, -e	男 午後	
Nachricht, -en	女 ニュース	
nach｜sprechen	動 (他) 復唱する，繰り返す	
nächst	形 次の	
Nacht, Nächte	女 夜	
Nachtisch, -e	男 デザート	
Nähe	女 近く，付近	
Name, -n	男 名前	
namens	〜という名前の	
nämlich	副 つまり，すなわち，というのも	
Nase, -n	女 鼻	
nass	形 濡れた	
Nathalie	名前 (女名) ナタリー	
Nationalfeiertag, -e	男 国 (国民) の祝日	
natürlich	副 もちろん	
Neapel	国・地中 ナポリ	
neben	前 [＋3格] 〜の横・隣に (場所を表す)，[＋4格] 〜の横・隣へ (方向を示す)	
Nebenfach, -fächer	中 副専攻	
Nebensatz, -sätze	男 (文法) 副文，従属文	
Neckar	固有男 ネッカー川	
nehmen	動 (他) 取る，使う，決める	
nein	副 いいえ	
nervös	形 イライラした	
nett	形 親切な，感じが良い	
neu	形 新しい	
Neumann	名前 (名字) ノイマン	
neunt	数 (序数) 第9 (の)，9番目 (の)	
neunzehnt	数 (序数) 第19 (の)，19番目 (の)	
Neuschwanstein	固有 ノイシュバンシュタイン城	

Niagarafälle	固有複 ナイアガラの滝	
nicht	副 [否定して] 〜でない	
nichts	代 何も〜ない	
Nikolaustag, -e	男 聖ニコラウスの祝日	
nimm	← nehmen の du に対する命令形	
Noah	名前 (男名) ノーアー	
noch	副 まだ，あと	
Nominativ, -e	男 (文法) 1格，主格	
Nordturm, -türme	男 北側の塔	
Norwegen	国・地中 ノルウェー	
Note, -n	女 点数，評点	
notieren	動 (他) メモを取る，書き留める	
November, -	男 11月	
Nummer, -n	女 番号	
nummerieren	動 (他) 番号をつける	
nun	副 今，さあ	
nur	副 ただ〜だけ，ほんの	
nützlich	形 役に立つ	

—— O ——

ob	接 〜かどうか	
oben	副 上の方に	
Obst	中 果物	
Obstkuchen, -	男 フルーツタルト，果物のケーキ	
obwohl	接 〜にもかかわらず	
oder	接 あるいは	
offen	形 開いている	
offiziell	形 公式の，正式な	
öffnen	動 (他) 開ける，開く	
Öffnungzeit, -en	女 開館時間	
oft	副 しばしば，(疑問形で頻度を問う) wie oft どのくらい (の頻度で)	
öfter	← oft の比較級	
oh	間 おお，ああ，おや，まあ	
ohne	前 [＋4格] 〜なしの，〜ぬきで、接 (zu 不定詞句，dass 文と) 〜することなく	
Ohr, -en	中 耳	
Ohrring, -e	男 イヤリング	
O. K.	副 (= okay) オーケー	
Ökonomie, -n	女 経済	
Oktober, -	男 10月	
Oktoberfest, -e	固有中 10月祭 (ミュンヘンのビール祭・オクトーバーフェスト)	
Öl	男 油	
Olympiapark, -s	固有男 オリンピック公園	
Olympiazentrum, -zentren	固有中 オリンピックセンター	
Oma, -s	女 (= Großmutter) おばあちゃん	
Opa, -s	男 (= Großvater) おじいちゃん	
Oper, -n	女 オペラ，歌劇場	
Orange, -n	女 オレンジ	
Orangensaft, -säfte	男 オレンジジュース	
ordentlich	形 きちんとした	
Ordinalzahl, -en	女 序数	
ordnen	動 (他) 整理する	
Ordner, -	男 バインダー	

Osterferien	複	イースター休暇
Ostern, -	中	イースター，復活祭
Österreich	国・地 中	オーストリア
Österreicherin, -nen	女	（女性の）オーストリア人
österreichisch	形	オーストリアの
Osteuropa	国・地 中	東ヨーロッパ
Oxford	国・地 中	オックスフォード

—— P ——

paar	不代	（ein paar の形で）いくつかの，二三の
Paar, -	中	カップル，ペア
Paris	国・地 中	パリ
Park, -s	男	公園
Partizip, -ien	中	（文法）分詞
Partizip II	中	（文法）過去分詞（= Partizip Perfekt）
Partner, -	男	（男性の）パートナー
Partnerin, -nen	女	（女性の）パートナー
Party, -s	女	パーティー
Passant, -en	男	歩行者
passen	動	（他）〔＋3格〕～にサイズが合う，ふさわしい，都合が良い
Passiv, -e	中	（文法）受動態
Pasta	女	パスタ
Paul	名前	（男名）パウル
Pause, -n	女	休憩
Pausenbrot, -e	中	休憩時間に食べる軽食
PC, (-s)	男	パソコン
Perfekt, -e	中	（現在）完了（形）
Person, -en	女	人，人間，（文法）人称
perzeptiv	形	知覚に関する，知覚による
Peter	名前	（男名）ペーター
Petra	名前	（女名）ペートラ
pflegen	動	（他）手入れをする，世話をする
Philharmoniker, -	男	フィルハーモニー管弦楽団員，（複数で）フィルハーモニー管弦楽団
Phonetik	女	音声学
Physik	女	物理学
Pianist, -en	男	（男性の）ピアニスト
Pianistin, -nen	女	（女性の）ピアニスト
Picknick, -e/-s	中	ピクニック（野外でとる食事）
Pilger, -	男	巡礼者
Pilot, -en	男	（男性の）パイロット
Pilotin, -nen	女	（女性の）パイロット
Pinakothek, -en	女	絵画館，Alte Pinakothek 固有 アルテピナコテーク，Neue Pinakothek 固有 ノイエピナコテーク（共にミュンヘンにある美術館）
Pizza, -s/Pizzen	女	ピザ
Pizzeria Milano	固有 女	ピザ店「ミラノ」
Platz, Plätze	男	場所，広場，席，順位，～位
Plönlein	国・地 中	プレーンライン（ローテンブルクの街の一角）
plötzlich	副	突然，急に
Polarlicht, -er	中	オーロラ
Politik	女	政治
Politiker, -	男	（男性の）政治家
Politikerin, -nen	女	（女性の）政治家
Polizei, -en	女	警察，警察署
Polizist, -en	男	（男性の）警官

Polizistin, -nen	女	（女性の）警官
Pommes	複	フライドポテト（= Pommes frites）
Porzellan, -e	中	陶磁器
Post, -en	女	郵便局，郵便物
Postkarte, -n	女	ハガキ
Präfektur, -en	女	県
Praktikant, -en	男	（男性の）実習生
Praktikum, -ka/(-ken)	中	実習，インターンシップ
Praktikumsdauer, -	女	実習期間
praktisch	形	使いやすい，実用的な
Präposition, -en	女	（文法）前置詞
Präteritum, Präterita	中	（文法）過去形
probieren	動	（他）試す，試食（試飲）する
Problem, -e	中	問題
produzieren	動	（他）制作する
Prof.	男	（= Professor）教授
Professor, -en	男	教授
Prüfung, -en	女	試験
Pullover, -	男	セーター，ニット
pünktlich	形	時間通りの，時間通りに
putzen	動	（他）磨く，（磨いて）きれいにする

—— Q ——

Quadratkilometer, -	男 中	平方キロメートル（km²）
Quadratmeter, -	男 中	平方メートル（m²）

—— R ——

Rad, Räder	中	自転車，車輪
Radtour, -en	女	サイクリング
Ramsdorf	名前	（名字）ラムスドルフ
Range	名前	（名字）ランゲ
rasieren	動	（再）ひげをそる
Rathaus, -häuser	中	市役所，市庁舎
raus | bringen	動	（他）外に運び出す
rausgebracht	← raus | bringen の過去分詞
rechnen	動	（自）計算する
recht	形	右の，正しい
Recht, -e	中	法，権利
rechts	副	右に，右側に
rechtzeitig	形	時間通りの，早目の
reden	動	（自）講演をする，話す
Referat, -e	中	レポート，（ゼミでの）口頭発表
reflexiv	形	再帰的な
Reflexivpronomen, -pronomina	中	（文法）再帰代名詞
Regel, -n	女	規則，ルール，習慣
regelmäßig	形	規則変化の，規則正しい
Regen, -	男	雨
Regenmantel, -mäntel	男	レインコート
Regentag, -e	男	雨の日
regnen	動	（非人称）雨が降る
Reh, -e	中	ノロジカ
Rehmann	名前	（名字）レーマン
Reichenau	国・地	ライヒェナウ
Reis, -e	男	米，ご飯，稲
Reise, -n	女	旅行
Reiseleiter, -	男	旅行ガイド，添乗員
reisen	動	（自）（s）旅行する
reisend	形	旅行している
Reisender	男	旅行者

reiten	動	（他）乗馬する
Relativpronomen, -pronomina	中	（文法）関係代名詞
Relativsatz, -sätze	男	（文法）関係文
Renate	名前	（女名）レナーテ
reparieren	動	（他）修理する
Reporter, -	男	（男性の）取材記者，ルポライター
Reporterin, -nen	女	（女性の）取材記者，ルポライター
reservieren	動	（他）予約する
Reservierung, -en	女	予約
Residenzschloss, -schlösser	中	居城
Restaurant, -s	中	レストラン
restaurieren	動	（他）修復する
Rhein	国・地 中	ライン川
richtig	形	正しい，適切な
Rindfleisch	中	牛肉
Ring, -e	男	指輪
Robert	名前	（男名）ローベルト
Rock, Röcke	男	スカート
Rom	国・地 中	ローマ
Roman, -e	男	長編小説
romanisch	形	ロマネスク様式の
Romeo	名前	（男名）ロメオ
Romeo und Julia	固有	『ロミオとジュリエット』（シェークスピアの小説名）
rosa	形	ピンク色の，桃色の
rot	形	赤い，赤の
Rot, -	中	赤色
Rothenburg	国・地 中	ローテンブルク（Rothenburg ob der Tauber）
Rotkäppchen	中	赤ずきん
Rottmann	名前	（名字）ロットマン
Rücken, -	男	背中
Rückenschmerzen	複	背中の痛み
Rucksack, -säcke	男	リュックサック
Rüdesheim	国・地	リューデスハイム
rufen	動	（他）呼ぶ，叫ぶ
Rugby	中	ラグビー
ruhig	形	静かな，落ち着いた
rund	形	まるい
Rutsch, -e	男	滑り込むこと，Guten ～ ins neue Jahr! よいお年を

—— S ——

Sa.	男	（= Samstag）土曜日
Sabine	名前	（女名）ザビーネ
Sabrina	名前	（女名）ザブリーナ
Sachertorte, -n	女	ザッハートルテ
Sachsen	国・地 中	ザクセン州
sagen	動	（他）言う
sah	← sehen の過去形
sah ... an	← an | sehen の過去形
Sahne	女	生クリーム
Sakura	名前	（女名）サクラ
Salami, -(s)	女	サラミソーセージ
Salat, -e	男	サラダ
Salten	名前	（名字）ザルテン，Felix Salten（作家・1869-1945）
Salzburg	国・地 中	ザルツブルク
Salzburger, -	男	ザルツブルクの人
salzig	形	塩分の多い
Samsa	名前	（名字）ザムザ，Gregor

Samsa（カフカ著・『変身』の主人公）

Samstag, -e 男 土曜日

Samstagabend, -e 男 土曜日の晩

samstags 副 土曜日に

Sander 名前（名字）ザンダー

Sänger, - 男（男性の）歌手

Sängerin, - nen 女（女性の）歌手

Sannssouci 固有 サンスーシー宮殿

Satz, Sätze 男 文

Satzakzent, -e 男 文アクセント

sauber 形 清潔な

sauer 形 不機嫌な

Sayaka 名前（女名）サヤカ

S-Bahn, -en 女（都市と郊外を結ぶ）都市（高速）鉄道

schade 形 残念な

Schäfer 名前（名字）シェーファー

Schal, -s/-e 男 スカーフ，ストール

schauen 動（自）見る，眺める

Schauspieler, - 男 俳優，役者

Schauspielerin, - nen 女 女優

scheinen 動（自）（太陽が）照る，輝く

schenken 動（他）～に～をプレゼントする，贈る

schick 形 素敵な，おしゃれな，シックな

schien ← scheinen の過去形

Schiff, -e 中 船

Schiller 名前（名字）シラー，Friedrich von Schiller（詩人／学者・1759-1805）

Schillerhaus 固有 中 シラーの生家

Schinken, - 男 ハム

Schinkenbrot, -e 中 ハムをはさんだパン，ハムサンド

Schlafdauer 女 睡眠時間

schlafen 動（自）眠る

Schlafen 中 寝ること

schläfst ← schlafen の2人称（親称）単数現在形

schläft ← schlafen の3人称単数現在形

Schlafzimmer, - 中 寝室

schlank 形 ほっそりとした

schlecht 形 悪い，良くない

schließen 動（他）閉める，終える

Schloss, Schlösser 中 城，宮殿

Schlosspark, -s 男 宮殿の庭園

schmal 形 幅の狭い

schmecken 動（自）[3格]～にとって美味しい

Schmerz, -en 男 痛み

Schmidt 名前（名字）シュミット

schminken 動（再）化粧をする

Schnee 男 雪

Schneewittchen 固有 白雪姫

Schneider 名前（名字）シュナイダー

schneien 動（非人称）雪が降る

schnell 形 速い，素早い

Schnitzel, - 中 カツレツ

Schnoorviertel 国・地 中 シュノール地区（かつて樽職人が住んでいたブレーメンの地区）

Schokolade, -n 女 チョコレート

Schokoladenkuchen, - 男 チョコレートケー

キ

Schokoladenpudding, -e/-s 男 チョコレートプディング

schon 副 もう，すでに，（命令形と）ほら，もう！

schön 形 美しい，きれいな，天気の良い，（間投詞的に）いいね！

Schönbrunn 固有 シェーンブルン宮殿

Schrank, Schränke 男 戸棚，食器棚

schreiben 動（他）書く

Schrein, -e 男 神社

schrieb ← schreiben の過去形

Schriftsteller, - 男（男性の）作家

Schriftstellerin, -nen 女（女性の）作家

Schuh, -e 男 靴

Schule, -n 女 学校

Schüler, - 男（男子）生徒

Schülerin, -nen 女（女子）生徒

schulterlang 形 肩までの長さの

Schulveranstaltung, -en 女 学校行事

Schulzeit, -en 女 学校時代

Schwabing 固有 シュヴァービング（ミュンヘン市内の地区名）

schwarz 形 黒い，黒の

Schwarz 中 黒色

Schwarzwald 国・地 男 シュヴァルツヴァルト，黒い森

Schweinefleisch 中 豚肉

Schweiz 国・地 女 スイス連邦

Schweizer, - 男 スイス人

schwer 形 重い，難しい

Schwester, -n 女 姉妹

Schwimmbad, -bäder 中 プール

schwimmen 動（自）（s,h）泳ぐ

Schwimmingpool, -s 男 スイミングプール

sechst 数（序数）6番目（の），第6（の）

See, -n 男 湖

sehen 動（他）～を見る

sehenswert 形 一見の価値のある

Sehenswürdigkeit, -en 女 名所旧跡

sehr 副 とても，非常に

sei ← sein の du に対する命令形，sein の接続法第Ⅰ式

seid ← sein の2人称（親称）複数現在形

Seidel 名前（名字）ザイデル

sein 動（自）（s）（～で）ある

所有冠 彼の，それの

seit 前 [+3格]（～以来）ずっと

Sekunde, -n 女 秒

selten 形 まれな，珍しい

Seminar, -e 中 演習，ゼミナール

Seminararbeit, -en 女 ゼミのレポート

Semperoper 固有 女 ゼンパーオペラ（ドレスデンの州立歌劇場）

September, - 男 9月

Shakespeare 名前（名字）シェイクスピア，William Shakespeare（作家・1564-1616）

Shota 名前（男名）ショウタ

sich 代 [再帰代名詞：er, sie, es, sie, Sie の3・4格]

sicher 副 きっと，確かな

sie 代 彼女（たち）は／が／を，彼らは／が／を，それらは／

が／を

Sie 代 あなた（方）は／が／を

siebt 数（序数）7番目（の），第7（の）

siedeln 動（自）定住する

sieh ← sehen の du に対する命令形

siehst ← sehen の2人称（親称）単数現在形

sieht ← sehen の3人称単数現在形

Silvia 名前（女名）ジルヴィア

Simon 名前（男名）ジーモン

sind ← sein の1・3人称複数現在形，2人称（敬称）単数・複数現在形

singen 動（自）歌う

Sisi 名前 シシー（皇妃エリザベートのニックネーム）

Situation, -en 女 状況

sitzen 動（自）座っている，腰掛けている

Sitzung, -en 女 会議

Ski, -er/- 男 スキー

Skytree 固有 男 スカイツリー

Smartphone, -s 中 スマートフォン

SMS 女 ショートメール

so 副 そう，そのように，こんなに，同じくらい，（dass と共に）それで

Socke, -n 女 靴下

Sofa,-s 中 ソファ

Sofia 名前（女名）ゾフィア

sogar 副 それどころか，～でさえ，～ですら，そのうえ

Sohn, Söhne 男 息子

solcher 定冠類 そのような

soll ← sollen の1・3人称単数現在形

sollen 動 ～すべきである（命令），～だそうだ（伝聞），～するように言われている，～しましょうか（疑問文で），（本動詞として）～すべきである

sollte ← sollen の過去形

Sommer, - 男 夏

Sommerferien 複 夏休み

Sommerresidenz, -en 女 夏用の居城

Sommersaison, -s 女 夏の季節

Sommersemester, -/- 中 夏学期

sondern 接（nicht と共に）（～ではなく）～だ

Sonne, -n 女 太陽

Sonnenbrille, -n 女 サングラス

sonnig 形 よく晴れた，日当たりの良い，陽気な

Sonntag, -e 男 日曜日

Sonntagnachmittag, -e 男 日曜日の午後

sonntags 副 日曜日に

Sophia 名前（女名）ゾフィア

Sophie 名前（女名）ゾフィー

sortieren 中 分類する

Souvenir, -s 中 土産，記念品

sowohl 接（als auch と共に）～と同様に（～でもある）

Spanien 国・地 中 スペイン

spanisch　形　スペインの
Spanisch　中　スペイン語
Spargel, -　男　アスパラガス
Spargelsalat, -e　男　アスパラガスのサラダ
Spaß, Späße　男　楽しみ，楽しさ
spät　形　遅い，遅れて
später　副　あとで
spazieren　動　(spazieren gehen) 散歩する
Spaziergang, -gänge　男　散歩，散策
spielen　動　(他) 遊ぶ，演奏する，(スポーツを) する
spielend　形　遊んでいる
Sport, -(e)　男　スポーツ
Sportlehrerin, -nen　女　(女性の) スポーツ教師
Sportsendung, -en　女　スポーツ番組
Sporttasche, -n　女　スポーツバック
Sportwagen, -　男　スポーツカー
sprach　←sprechen の過去形
Sprache, -n　女　言語
Sprachkurs, -e　男　語学コース，語学講座
sprechen　動　(他) 話す
spricht　←sprechen の3人称単数現在形
spricht ... aus　←aus｜sprechen の3人称単数現在形
spülen　動　(自) (食器などを) 洗う
Staatsbibliothek, -en　女　国立図書館
Stadion, Stadien　中　競技場
Stadt, Städte　女　都市
Stadthalle, -n　女　市民会館のホール
Stadtmitte　女　都心
Stadtplan, -pläne　男　市街地図
Stadttheater, -　中　市立劇場
Stahl　名前　(名字) シュタール
stand　←stehen の過去形
ständig　形　絶え間ない
Starnberg　国・地　中　シュタルンベルク
Starnberger See　固有　男　シュタルンベルク湖
statt　前　[＋2格] ～の代わりに
　接　(zu 不定詞句，dass 文と) ～する代わりに
statt｜finden　動　(自) 開催される，行われる
stattgefunden　←statt｜finden の過去分詞
staubsaugen　動　(自) 掃除機をかける
Steak, -s　中　ステーキ
Stefan　名前　(男名) シュテファン
Stefanie　名前　(女名) シュテファニー
Steffi　名前　(女名) シュテフィー
stehen　動　(自) 立っている，ある [＋3格] ～に似合う
steigen　動　(自) (s) 登る
Steinbach　名前　(名字) シュタインバッハ
stellen　動　(他) 置く，立てる
Stephansdom　固有　男　シュテファン大聖堂
Stiefel, -　複　ブーツ
Stiefmutter, -mütter　女　継母
Stiefschwester, -n　女　異母姉妹
stieg　←steigen の過去形
stieg ... aus　←aus｜steigen の過去形
stieg ... ein　←ein｜steigen の過去形

Stift, -e　男　鉛筆，筆記用具
Stipendium, Stipendien　中　奨学金
Stockholm　国・地　中　ストックホルム
Strand, Strände　男　浜辺
Straße, -n　女　道，通り，道路
Straßenbahn, -en　女　路面電車，市外電車
Strauß　名前　(名字) シュトラウス，Richard Strauß (音楽家・1864-1949)
stricken　動　(自) 編み物をする
Strohhut, -hüte　男　麦藁帽子
Stück, -e　中　一切れ，(個数を表して) ～個，作品
Student, -en　男　(男子) 大学生
Studentenwohnheim, -e　中　大学の寮
Studentin, -nen　女　女子大学生
Studienjahr, -e　中　(大学の) 学年
studieren　動　(自) 大学で勉強する，専攻する
Studierende　複　大学生
Studium, Studien　中　大学での勉強，研究
Stuhl, Stühle　男　椅子
Stunde, -n　女　時間
subordinierend　形　従属の
suchen　動　(他) 探す
Südturm, -türme　男　南側の塔
super　形　すばらしい，すごい
Superlativ, -e　男　(文法) 最上級
Supermarkt, -märkte　男　スーパーマーケット
Suppe, -n　女　スープ
süß　形　かわいい，かわいらしい，甘い
Süßwaren　複　甘いもの，菓子
Sven　名前　(男名) スベン

―― T ――

Tabelle, -n　女　表，一覧
Tablette, -n　女　錠剤
Tag, -e　男　日
Tagebuch, -bücher　中　日記
Tagesmenü, -s　中　日替わり定食，本日の定食
täglich　形　毎日 (の)
Tanaka　名前　(名字) タナカ
Tanja　名前　(女名) ターニャ
Tanne, -n　女　モミの木 (レストランの名前)
Tannhäuser　固有　男　『タンホイザー』(ワーグナーのオペラの題名)
Tanzabend, -e　男　ダンスの夕べ，(夜の) ダンスパーティー
tanzen　動　(自) 踊る
Tanzen　中　踊ること
Tänzerin, -nen　女　(女性の) ダンサー
Tanzkleid, -er　中　ダンス用ドレス
Tanzlehrerin, -nen　女　(女性の) ダンスの先生
Taro　名前　(男名) タロウ
Tasche, -n　女　カバン，バッグ
Tasse, -n　女　カップ，茶碗
tauchen　動　(自) もぐる，ダイビングする
Tee, (-s)　男　紅茶，お茶
Teil, -e　男　部分

Tel.　中　(＝Telefon) 電話 (番号)
telefonieren　動　(自) 電話する
Teller, -　男　皿
Tempel, -　男　寺院
Temperatur, -en　女　温度，気温
Tennis　中　テニス
Tennisplatz, -plätze　男　テニスコート
Tennisschuh, -e　男　テニスシューズ
Tennisspiel, -e　中　テニスの試合
Terrasse, -n　女　テラス
Test, -s　男　テスト，試験
teuer　形　高価な，(値段が) 高い
teuerst　←teuer の最上級
teurer　←teuer の比較級
Text, -e　男　テキスト，本文
Thailand　国・地　中　タイ
Theater, -　中　劇場，芝居
Theaterkarte, -n　女　芝居のチケット
Theo　名前　(男名) テーオ
Thomas　名前　(男名) トーマス
Tiefkühlprodukt, -e　中　冷凍食品
Tier, -e　中　動物
Tierpark, -s/-e　男　動物園
Tierparkstr.　固有　女　(＝Tierparkstraße) 動物園通り
Timo　名前　(男名) ティモ
Tisch, -e　男　机，テーブル
Titel, -　男　タイトル，表題
Tobias　名前　(男名) トビーアス
Tochter, Töchter　女　娘
Tofu　男　豆腐
Tokyo　国・地　中　東京
Tomate, -n　女　トマト
Tomatensalat, -e　男　トマトサラダ
Topf, Töpfe　男　鍋
Tourist, -en　男　(男性の) 観光客
traditionell　形　伝統的な
tragen　動　(他) 身につけている，着ている，運ぶ
trägt　←tragen の3人称単数現在形
trainieren　動　(自) トレーニングする
Trauer　女　悲しみ
Traum, Träume　男　夢
träumen　動　(自) 夢を見る
Traumhaus, -häuser　中　理想の家
treffen　動　(他) 会う
trennbar　形　分けられる，分離できる
trennen　動　(再) 別れる，(他) 分ける
trinken　動　(他) 飲む
Trinkwasser　中　飲料水
trotz　前　[＋2格] ～にもかかわらず
tschüs　間　バイバイ，またね
T-Shirt, -s　中　Tシャツ
tun　動　(他) ～する
Tür, -en　女　戸，ドア
Türkei　国・地　女　トルコ
Turm, Türme　男　塔，タワー
tut　←tun の3人称単数現在形，2人称 (親称) 複数現在形；Tut mir leid. お気の毒です
typisch　形　典型的な

―― U ――

U3　固有　女　地下鉄3番

59

U-Bahn, -en	囡 地下鉄	
üben	動 (自) 練習する	
über	前 [＋3格] ～の上方で (場所を表す)，[＋4格] ～の上方へ (方向を示す)．～について	
übermorgen	副 明後日	
übernachten	動 (自) 宿泊する．泊まる	
Überschrift, -en	囡 タイトル	
über｜setzen	動 (他) (対岸へ) 渡す	
übersetzen	動 (他) 翻訳する	
Uhr, -en	囡 時計．～時	
Uli	名前 (男名) ウリ	
Ulrich	名前 (男名) ウルリッヒ	
um	前 (時刻) ～時に，[＋4格] ～をめぐって，～に関して 接 (zu 不定詞句と) ～するために	
um｜fahren	動 (他) ひき倒す	
umfahren	動 (自) (s) 周囲を周る	
um｜formulieren	動 (他) 言い換える，別の言葉で表現する	
umgezogen	← um｜ziehen の過去分詞	
Umwelt, -en	囡 環境	
Umweltschutz	男 環境保護 (活動)	
Umweltzerstörung, -en	囡 環境破壊	
um｜ziehen	動 (自) (s) 引っ越す	
Umzug, -züge	男 引越し	
unbedingt	副 絶対に	
und	接 そして．～と～	
UNESCO-Weltkulturerbe	中 ユネスコ世界文化遺産	
Unfall, Unfälle	男 事故	
ungefähr	副 およそ．約	
Uni, -s	囡 (＝ Universität) 大学	
Uni-Fest, -e	中 大学祭	
Universität, -en	囡 大学	
unregelmäßig	形 不規則な	
uns	代 私たちに／を．[再帰代名詞：wir の3・4格]	
unser	所有冠 私たちの	
unten	副 下に	
unter	前 [＋3格] ～の下で (場所を表す)，[＋4格] ～の下へ (方向を示す)	
unterhält	← unterhalten の3人称単数現在形	
unterhalten	動 (再) おしゃべりする	
unterhältst	← unterhalten の2人称(親称)単数現在形	
unternehmen	動 (他) (楽しみのために) する．企てる	
Unterschied, -e	男 違い	
unterstreichen	動 (他) 下線を引く	
unterwegs	副 外出して	
untrennbar	形 非分離の	
urauf｜führen	動 (他) 初演する	
Urlaub, -e	男 休暇	
USA	国・地 複 アメリカ合衆国	

―― V ――

Vanillesauce, -n	囡 バニラソース	
Vase, -n	囡 花瓶	
Vater, Väter	男 父．父親	
vegetarisch	形 ベジタリアンの	

Vera	名前 (女名) ヴェーラ	
veranstalten	動 (他) 開催する，催す	
Veranstaltung, -en	囡 催し物．イベント	
Verb, -en	中 動詞	
Verbendung, -en	囡 動詞の語尾	
verbessern	動 (他) 改良する，改善する	
verbinden	動 (他) つなぐ，結ぶ	
verbrachte	← verbringen の過去形	
verbringen	動 (他) 過ごす	
verdienen	動 (他) 稼ぐ	
Verein, -e	男 クラブ．団体	
vergessen	動 (他) 忘れる	
vergessen	← vergessen の過去分詞	
vergleichen	動 (他) 比較する，比べる	
verkaufen	動 (他) 売る	
Verkäufer, -	男 (男性の) 店員，販売員	
Verkehrsnetz, -e	中 交通網	
verlieren	動 (他) 失くす，失う	
verloren	← verlieren の過去分詞	
verpassen	動 (他) 乗り損ねる，逃す	
verschieden	形 様々な	
Verspätung, -en	囡 遅延	
verstanden	← verstehen の過去分詞	
verstehen	動 (他) 理解する，わかる	
verwandeln	動 (他) 変える，変化させる	
Verwandlung, -en	囡 変化，変貌．『変身』(カフカの小説の題名)	
verwenden	動 (他) 使う，用いる	
viel	形 たくさんの，多くの	
vielleicht	副 ひょっとすると，もしかすると	
viert	数 (序数) 4番目の，第4の	
vierundzwanzigst	数 (序数) 24番目の，第24の	
vierzehnt	数 (序数) 14番目の，第14の	
Vogel, Vögel	男 鳥	
Vokal, -e	男 母音	
vollenden	動 (他) 完成する	
vollendet	← vollenden の過去分詞	
vom	← von + dem	
von	前 [＋3格] ～の，～から．～について	
vor	前 [＋3格] ～の前に (空間的・時間的に)，[＋4格] ～の前へ (方向を示す)	
voraus	副 先行して，前もって	
vorbei	副 過ぎ去って，終わって，通り過ぎて	
vorbeigegangen	← vorbei｜gehen の過去分詞	
vorbei｜gehen	動 (自) (s) 通り過ぎる	
Vorgangspassiv, -e	中 動作受動	
vorgeschlagen	← vor｜schlagen の過去分詞	
vorgestellt	← vor｜stellen の過去分詞	
vorgestern	副 一昨日	
vor｜haben	動 (他) 計画する，予定している	
Vorlesung, -en	囡 講義	
Vormittag, -e	男 午前	
vor｜schlagen	動 (他) 提案する	
vor｜stellen	動 (他) 紹介する	
Vortrag, Vorträge	男 講演	

―― W ――

wach	形 目覚めている	
Wagner	名前 (名字) ワーグナー．Richard Wagner (音楽家・1813-1883)	
während	前 [＋2格] ～の間	
Wahrzeichen, -	中 象徴，シンボル	
Wald, Wälder	男 森	
wandern	動 (自) (s) 散策する．ハイキングする	
wann	疑 いつ，何時に 接副 ～するとき	
war	← sein の過去形	
Ware, -n	囡 品物	
wäre	← sein の接続法第Ⅱ式	
warm	形 暖かい，温暖な	
warten	動 (自) (auf と共に) 待つ	
warum	疑 なぜ	
was	疑 何は／が／を 関代 ～するもの (こと)	
Wäsche, -n	囡 洗濯物	
waschen	動 (他) 洗う	
Waschmaschine, -n	囡 洗濯機	
wäscht	← waschen の3人称単数現在形	
Wasser	中 水	
Wassertemperatur, -en	囡 水温	
Wecker, -	男 目覚まし時計	
Weg, -e	男 道，道路	
wegen	前 [＋2格] ～のため (理由・原因)	
weggenommen	← weg｜nehmen の過去分詞	
weg｜nehmen	動 (他) 取り上げる，取り去る	
weh	形 痛い	
weh｜tun	動 (自) 痛い	
Weihnachten, -	中 クリスマス	
Weihnachtsgottesdienst, -e	男 クリスマスミサ	
Weihnachtsmann, -männer	男 サンタクロース	
weil	接 ～という理由で，～であるから，～なので	
Weimar	国・地 中 ワイマール (ドイツの都市)	
Wein, -e	男 ワイン	
weinen	動 (自) 泣く	
weiß	← wissen の1・3人称単数現在形	
weiß	形 白い	
weißt	← wissen の2人称 (親称) 単数現在形	
Weißwurstfrühstück, -e	中 白ソーセージの朝食	
weit	形 広い，遠い	
weiter	副 更に先へ，そのまま	
welcher	定冠類 どの	
Welt, -en	囡 世界	
Weltkrieg, -e	男 世界大戦	
Weltkulturerbe	中 世界文化遺産	
Weltreise, -n	囡 世界一周旅行	
Weltsprache, -n	囡 世界の言語，国際語	
wem	疑 誰に	
wenig	形 少ない	
wenigstens	副 少なくとも	
wenn	接 ～するとき，もし～であっ	

wer	代 誰, 誰が	<small>たら</small>
	関代 ～する人は／が	
werden	動 (自) (s) ～になる	
Werther	名前 (男名) ヴェルター	
Wetter, -	中 天気	
WG, -s	女 (= Wohngemein-schaft) シェアハウス	
wichtig	形 重要な	
Wichtigste	中 一番大切なこと	
wie	疑 どのような／に, どのくらい	
wieder	副 再び, またもや	
Wiedervereinigung, -en	女 再統一	
Wien	国・地 中 ウィーン	
Wiener	形 ウィーン風の, ウィーンの	
Wieskirche	固有 女 ヴィース教会	
will	← wollen の1・3人称単数現在形	
Willkommen, -	中 歓迎の辞	
willst	← wollen の2人称 (親称) 単数現在形	
Winter, -	男 冬	
Winterferien	複 冬休み	
wir	代 私たちは／が	
wird	← werden の3人称単数現在形	
wirklich	副 本当に	
wirst	← werden の2人称 (親称) 単数現在形	
wischen	動 (他) 拭き掃除をする	
wissen	動 (自) 知っている	
wissenschaftlich	形 学問的な, 科学的な	
wo	疑 どこで／に 接続 関副 ～する場所	
Woche, -n	女 週	
Wochenende, -n	中 週末	
wofür	疑 何のために	
woher	疑 どこから	
wohin	疑 どこへ	
wohl	副 心地よく, 快適に, 多分, おそらく	
Wohl	名前 (名字) ヴォール	
wohnen	動 (自) 住む	
Wohngemeinschaft, -en	女 シェアハウス	
Wohnung, -en	女 住居	
Wohnzimmer, -	中 リビングルーム	
Wolf, Wölfe	男 オオカミ	
Wolfgang	名前 (男名) ヴォルフガング	
wollen	助 ～するつもりである (意思), ～だと主張している, (本動詞として) ～を望む, ～が欲しい	
womit	疑 何に乗って, 何を使って	
worauf	疑 何を [sich freuen と共に]	
worden	← 受動態の助動詞 werden の過去分詞	
Wort, Wörter	中 単語, 言葉	
Wortakzent, -e	男 語アクセント	
Wörterliste, -n	女 単語表	
Wortschatz, -schätze	男 語彙	
worüber	疑 何について [sich freuen と共に]	
wunderbar	形 素晴らしい	
wunderschön	形 素晴らしく美しい	

Wunsch, Wünsche	男 望み, 希望	
wurde	← werden の過去形	
würde	← werden の接続法第Ⅱ式	
Wurst, Würste	女 ソーセージ, ハム	
Würstchen, -	中 (小型の) ソーセージ	
wusste	← wissen の過去形	

—— Y ——

Yayoi	名前 (女名) ヤヨイ
Yoshimitsu	名前 足利義満 (室町幕府第3代将軍・1358-1408)
Yui	名前 (女名) ユイ
Yuka	名前 (女名) ユカ
Yuta	名前 (男名) ユウタ

—— Z ——

zahlreich	形 多数の, たくさんの
Zahn, Zähne	男 歯
Zahnarzt, -ärzte	男 歯医者
Zahnschmerzen	複 歯痛
zehnt	数 (序数) 第10の, 10番目の
zeigen	動 (他) 見せる, 示す, 教える
Zeit, -en	女 時間
Zeitglockenturm, -türme	男 時計塔
Zeitschrift, -en	女 雑誌
Zeitung, -en	女 新聞
zelten	動 (自) キャンプをする, テントに泊まる
Zentrum, Zentren	中 中心地
zerstören	動 (他) 破壊する
Zi.	中 (= Zimmer) 部屋, 部屋番号を表す表示
ziehen	動 (自) (s) 引っ越す, (他) 引く
Zimmer, -	中 部屋
Zimmermann	名前 (名字) ツィマーマン
Zoo, -s	男 動物園
zu	前 [＋3格] (人・公共機関) へ, zu Hause 家に 接続 (zu 不定詞句で) ～すること, ～するために ～すぎる, あまりに～
zuerst	副 まずはじめに, 最初に
Zug, Züge	男 列車
zugänglich	形 立ち入ることができる
Zugspitze	固有 女 ツークシュピッツェ (ドイツ最高峰の山)
Zugverspätung, -en	女 列車の遅延
zum	← zu + dem
zu	machen	動 (他) 閉める
zunächst	副 最初に, 初めに, まず
zu	ordnen	動 (他) 並べ替える, 分類する
zur	← zu + der
zurück	fahren	動 (自) (s) (乗り物で) 帰る, 戻る
zurück	fliegen	動 (自) (s) (飛行機で) 帰る, 戻る
zurückgefahren	← zurück	fahren の過去分詞
zurückgekommen	← zurück	kommen の過去分詞
zurück	kommen	動 (自) (s) 帰ってくる, 戻る

zurzeit	副 今のところ	
zusammen	副 一緒に	
zusammengesetzt	形 組み合わされた, 合成された	
Zustandspassiv, -e	中 (文法) 状態受動	
Zutat, -en	女 (料理の) 材料	
zwanzigst	数 (序数) 第20の, 20番目の	
zweit	数 (序数) 2番目の, 第2の	
Zwiebel, -n	女 玉ねぎ	
Zwinger	固有 男 ツヴィンガー宮殿	
zwischen	前 [＋3格] ～の間に (場所を表す), [＋4格] ～の間へ (方向を示す)	
zwischendurch	副 その間に, その合間に	
zwölft	数 (序数) 第12の, 12番目の	
Zytglogge	固有 女 ツィットクロッケ (ベルンにある時計塔) (= Zeitglockenturm)	

—— 単語集凡例 ——

男	男性名詞
女	女性名詞
中	中性名詞
複	複数名詞
固有	固有名詞
名前	人物や動物の呼称
国・地	地名, 国名
代	代名詞
不代	不定代名詞
指代	指示代名詞
関代	関係代名詞
関副	関係副詞
動	動詞
(自)	自動詞
(他)	他動詞
(再)	再帰動詞
(s)	sein 支配
(h)	haben 支配
助	話法の助動詞
形	形容詞
副	副詞
前	前置詞
接	接続詞
間	間投詞
疑	疑問詞
定冠類	定冠詞類
所有冠	所有冠詞
否定冠	否定冠詞
数	数詞
不数	不定数詞

格変化一覧表

■定冠詞

	男性	女性	中性	複数
1 格	der	die	das	die
2 格	des	der	des	der
3 格	dem	der	dem	den
4 格	den	die	das	die

■定冠詞類

dieser この，jeder どの～も，jener あの，solcher そのような，welcher どの？，aller すべての，

mancher かなりの数の

	男性	女性	中性	複数
1 格	welcher	welche	welches	welche
2 格	welches	welcher	welches	welcher
3 格	welchem	welcher	welchem	welchen
4 格	welchen	welche	welches	welche

■不定冠詞

	男性	女性	中性
1 格	ein	eine	ein
2 格	eines	einer	eines
3 格	einem	einer	einem
4 格	einen	eine	ein

■不定冠詞類

○所有冠詞：mein 私の，dein 君の，sein 彼の／それの，ihr 彼女の，

　　　　　　unser 私たちの，euer 君たちの，ihr 彼らの／彼女らの／それらの，Ihr あなた（方）の

○否定冠詞：kein ひとつも～ない

	男性	女性	中性	複数
1 格	mein	meine	mein	meine
2 格	meines	meiner	meines	meiner
3 格	meinem	meiner	meinem	meinen
4 格	meinen	meine	mein	meine

■人称代名詞

	私	君	彼	彼女	それ	私たち	君たち	彼ら	あなた(方)
1格	ich	du	er	sie	es	wir	ihr	sie	Sie
3格	mir	dir	ihm	ihr	ihm	uns	euch	ihnen	Ihnen
4格	mich	dich	ihn	sie	es	uns	euch	sie	Sie

■再帰代名詞

	私	君	彼	彼女	それ	私たち	君たち	彼ら	あなた(方)
3格	mir	dir	sich	sich	sich	uns	euch	sich	sich
4格	mich	dich	sich	sich	sich	uns	euch	sich	sich

■形容詞の格変化

① 定冠詞類をともなう場合（弱変化）：定冠詞（類）＋ 形容詞 ＋ 名詞

	男性	女性	中性	複数
1格	der schwarze Pullover	die graue Hose	das gelbe T-Shirt	die braunen Socken
2格	des schwarzen Pullovers	der grauen Hose	des gelben T-Shirts	der braunen Socken
3格	dem schwarzen Pullover	der grauen Hose	dem gelben T-Shirt	den braunen Socken
4格	den schwarzen Pullover	die graue Hose	das gelbe T-Shirt	die braunen Socken

② 不定冠詞類をともなう場合（混合変化）：不定冠詞（類）＋ 形容詞 ＋ 名詞

	男性	女性	中性	複数
1格	ein schwarzer Mantel	eine weiße Hose	ein neues Hemd	meine alten Schuhe
2格	eines schwarzen Mantels	einer weißen Hose	eines neuen Hemd(e)s	meiner alten Schuhe
3格	einem schwarzen Mantel	einer weißen Hose	einem neuen Hemd	meinen alten Schuhen
4格	einen schwarzen Mantel	eine weiße Hose	ein neues Hemd	meine alten Schuhe

③ 冠詞をともなわない場合（強変化）：形容詞 ＋ 名詞

	男性	女性	中性	複数
1格	süßer Wein	warme Suppe	heißes Wasser	frische Äpfel
2格	süßen Weins	warmer Suppe	heißen Wassers	frischer Äpfel
3格	süßem Wein	warmer Suppe	heißem Wasser	frischen Äpfeln
4格	süßen Wein	warme Suppe	heißes Wasser	frische Äpfel

■関係代名詞

	男性	女性	中性	複数
1格	der	die	das	die
2格	**dessen**	**deren**	**dessen**	**deren**
3格	dem	der	dem	**denen**
4格	den	die	das	die

シュピッツェ！2
コミュニケーションで学ぶドイツ語

別冊 Arbeitsbuch・教科書単語集（別売不可）

ⓒ 2021 年　3 月　1 日　初版発行
2023 年　1 月 10 日　2 刷発行

著者　　　　　　　　　　　　　　　　　　新　倉　真矢子
正　木　晶　子
中　野　有希子

発行者　　　　　　　　　　　　　　　　　　　　原　雅久
発行所　　　　　　　　　　　　　　株式会社　朝日出版社
101-0065　東京都千代田区西神田 3-3-5
TEL: 03-3239-0271　FAX: 03-3239-0479
https://www.asahipress.com/